跨越数字鸿沟
老年融合出版的机遇与策略

Crossing the Digital Divide
Opportunities and Strategies for Senior Convergence Publishing

刘丰伟　著

中国国际广播出版社

前　言

随着全球老龄化进程的加速以及信息技术的飞速发展，人口老龄化和社会数字化已成为当今社会不可逆转的发展趋势。面对这一趋势，积极应对人口老龄化已成为各国政府的一项长期战略任务。尤其在老年群体对生活品质追求不断提升的当下，他们对于个性化、差异化和多样化的服务需求日益增长，并呈现出前所未有的紧迫性。然而，这些需求目前并未得到充分满足，这无疑为相关领域提供了巨大的发展潜力和商业机会。2024年1月15日，《国务院办公厅关于发展银发经济增进老年人福祉的意见》发布，明确提出要"加快银发经济规模化、标准化、集群化、品牌化发展"，"让老年人共享发展成果、安享幸福晚年"。这标志着中国正式将银发经济纳入国家战略，并将其视为促进经济增长、改善民生、推动社会进步的重要途径。

出版业作为文化传承发展的重要载体，是驱动我国由出版大国向出版强国迈进的关键，也是建设社会主义文化强国的必经之路。随着5G、大数据、云计算、人工智能、区块链等先进技术在出版业的广泛应用，推动出版业的深度融合已成为行业内外的普遍共识，也是我国出版业实现高质量发展的关键所在。2022年4月，中共中央宣传部印发《关于推动出版深度融合发展的实施意见》，对新时代深入推进出版深度融合发展做出全面安排。2024年3月，政府工作报告首次提出深入推进国家文化数字化战略，并继续深化全民阅读活动。这标志着我国出版业在数字化转型的道路上迈

跨越数字鸿沟：老年融合出版的机遇与策略 >>>>>

出了坚实的步伐。这些举措不仅展示了我国出版业对数字化转型的高度重视，也体现了我国政府对文化传承和发展的坚定承诺。通过推动出版业的深度融合，我们可以预见出版业将在传承文化、传播知识、提升国民素质等方面发挥更大的作用，为我国的文化繁荣和民族复兴贡献更强大的力量。

在人口老龄化与社会数字化交织演进的大背景下，老年出版产业正面临着新的挑战与机遇，也为银发经济的蓬勃发展提供了新的活力。为了把握这一历史契机，出版业必须主动出击，积极适应并引领老年群体对数字融入的迫切需求，以敏锐的市场洞察力和创新的服务理念，寻找一条既能满足老年人的特有需求又具备可持续性的发展之路。这不仅需要在"危"与"机"并存的复杂环境中保持清醒的头脑，更要具备前瞻性的眼光和果敢的行动力。通过提供更为人性化、便捷的融合出版产品和服务，出版业不仅能够满足老年人日益增长的文化消费需求，还能引导他们顺畅地航行于信息时代的海洋，确保他们在快速变化的数字世界中不会感到迷茫或无助。如此，不仅为老年人的精神世界带来滋养，也为老年出版产业乃至整个银发经济的发展注入强大动力。

目 录

第一章 数字时代与数字鸿沟 ········ 001
　第一节　人口老龄化与数字时代 ········ 003
　第二节　数字鸿沟的概念与演变 ········ 010
　第三节　老年群体面临的数字鸿沟 ········ 014
　第四节　数字鸿沟对老年群体的影响 ········ 032

第二章 长寿时代的文化养老 ········ 035
　第一节　老龄社会的文化战略 ········ 037
　第二节　文化养老的理论基础 ········ 041
　第三节　我国文化养老发展现状 ········ 048
　第四节　提升文化养老水平的政策建议 ········ 050

第三章 老年融合出版相关理论 ········ 055
　第一节　老年出版的含义和特点 ········ 057
　第二节　融合出版的概念与发展 ········ 059
　第三节　老年融合出版的理论基础 ········ 069

第四节　老年融合出版的属性和意义 ················· 075
　　第五节　老年融合出版中的研究方法与应用 ············· 078

第四章　老年融合出版的机遇与挑战 ················· 083
　　第一节　老年融合出版的发展基础 ················· 085
　　第二节　老年融合出版的发展现状 ················· 089
　　第三节　老年融合出版面临的挑战 ················· 095
　　第四节　老年融合出版提出的新要求 ················ 099

第五章　老年群体的数字素养研究 ·················· 103
　　第一节　数字素养的概念和内涵 ··················· 105
　　第二节　数字素养的发展演变 ···················· 107
　　第三节　提升老年群体数字素养的价值意蕴 ············· 108
　　第四节　老年群体数字素养的影响因素分析 ············· 111

第六章　老年群体的媒介素养研究 ·················· 127
　　第一节　媒介素养的概念与意义 ··················· 129
　　第二节　老年群体的媒介素养现状 ················· 135
　　第三节　老年群体媒介素养面临的挑战 ··············· 138
　　第四节　老年群体的媒介素养提升策略 ··············· 141

第七章　老年群体的阅读需求与阅读行为 ··············147
　　第一节　老年群体的阅读媒介平台 ················· 149
　　第二节　老年群体的阅读需求 ···················· 154

第三节　老年群体的阅读行为 ………………………………… 158
　　第四节　老年群体的阅读影响因素分析 ……………………… 166

第八章　老年融合出版的创新范式与案例研究 …………………… 191
　　第一节　老年融合出版的创新范式 …………………………… 193
　　第二节　国外老年融合出版的典型案例 ……………………… 196
　　第三节　国内老年融合出版的典型案例 ……………………… 204
　　第四节　国内外老年融合出版案例的经验启示 ……………… 210

第九章　老年融合出版的发展策略 ………………………………… 213
　　第一节　老年融合出版的支持策略 …………………………… 215
　　第二节　老年融合出版的内容策略 …………………………… 218
　　第三节　老年融合出版的技术策略 …………………………… 220
　　第四节　老年融合出版的服务策略 …………………………… 224
　　第五节　老年融合出版的人才培养策略 ……………………… 226

结　语 ………………………………………………………………… 230

参考文献 ……………………………………………………………… 232

附录一　老年群体数字鸿沟调查问卷 ……………………………… 236

附录二　老年人数字鸿沟调研提纲一 ……………………………… 244

附录三　老年人数字鸿沟调研提纲二 ……………………………… 245

第一章

数字时代与数字鸿沟

第一节 人口老龄化与数字时代

当前，人口老龄化和社会数字化已成为社会发展的两大重要议题。一方面，随着全球范围内生育率的下降和平均寿命的延长，人口老龄化已成为一个不可逆转的趋势。从世界范围看，自20世纪末开始，大多数发达国家人口老龄化问题开始缓慢累积；到世纪之交，人口老龄化进程在全世界范围，尤其是在发展中国家突然加速，目前仍持续加速加深。另一方面，随着移动互联网、人工智能、大数据、云计算等新技术的迅猛发展和深度应用，数字化浪潮已经席卷全球，数字化技术被广泛应用于生产活动、教育、医疗、管理等相关领域，包括老年群体在内的社会公民主动或被动成为数字生活的参与者。在人口老龄化与社会数字化同向同行的背景下，出版业对接老年群体数字融入需求，为他们提供相应的文化产品和服务，是响应"实施积极应对人口老龄化国家战略"的行动自觉。

一、人口老龄化面临的挑战

人口老龄化，简单来说，是指社会中老年人口比例不断增长的现象。这种现象在全球范围内普遍存在，包括我国在内的许多国家都正在经历这一过程。根据联合国关于老龄化的划分标准，当一个国家60岁以上人口占总人口比重超过20%或65岁以上人口占比超过14%时，该国即进入"中度老龄化"社会。2002年，联合国在马德里召开的第二次老龄问题世界大会通过的《马德里政治宣言》提出，预计到2050年，全球60岁及以上人口将达到21亿人，占全球总人口的近21%。

中国作为世界上老年人口最多的国家，2000年正式步入老龄化社会以来，人口老龄化持续深化，现已成为全球老年人口规模最大、老龄化速度最快的国家之一，且呈现出超级老龄化（超大规模、超快速度、超稳结构）和复杂老龄化（城镇化、老龄化、少子化交织在一起）的特征。根据国家统计局发布的最新数据，截至2023年末，我国60岁及以上人口接近3亿人，其中65岁及以上人口近2.2亿，老年人口规模在全球排名第六。"十四五"规划期间，我国老年人口将突破3亿人，正式迈入中度老龄化阶段。人口老龄化会对经济发展、社会支持体系以及技能素养等方面产生深远影响。

（一）银发经济成为社会发展的新引擎

随着人口老龄化的加剧，针对老年人的商品和服务需求不断增长。据复旦大学老龄研究院的一项研究报告预测，到2035年，银发经济规模将达到30万亿元，占GDP比重约10%。撬动30万亿元银发经济市场的关键，在于国家政策的扶持、技术的革新、市场需求的个性化以及产业链的成熟发展这四大驱动力的共同推动。政府出台优惠政策，促进经济规模化发展；技术（如物联网和人工智能）提升了养老服务的效率和安全；老年人对高品质生活服务的需求增加，带动市场多样化。此外，老龄化还可能导致消费模式的改变。老年群体的消费需求、消费习惯与年轻人存在差异，这可能导致需求结构发生变化，从而会对产业结构产生影响。预计未来，银发经济将继续在提高老年人福祉及推动经济增长中扮演关键角色。

（二）社会支持体系面临新的诉求

在社会结构方面，传统的家庭养老模式面临压力。随着平均寿命的延长和生育率的下降，家庭平均成员数减少，家庭规模缩小，传统的多代同堂家庭模式正在逐渐消失，老年人独居现象越来越普遍，可能导致孤独、抑郁和社会隔离等社会问题的出现。家庭结构的变化使传统的家庭支持系统发生变化，发展社会养老服务成为必要，需要更多的社会支持和活动来促进老年人的社会参与和福祉。养老院、社区护理等社会服务需求随之增加，加上老年人对健康护理、长期照护的需求日益增加，这就要求政府和社会提供相应的支持系统。

（三）数字素养已成为基本生存技能

当前，我国正处在数字化转型的关键时期。数字素养已成为数字时代公民的基本生存技能与必备素养。随着老龄化社会的到来，老年群体对健康、养老、休闲和社会参与等方面的信息需求不断增长。他们需要了解如何保持健康、如何享受退休生活、如何获得优质养老服务、如何保持社会联系和参与社会生活，这不仅要求个体能够有效地运用数字工具进行信息处理、沟通与学习，还涉及对数字安全、隐私保护的认识和应对能力。

延伸阅读

国家出台的应对人口老龄化相关政策

21世纪初，世界卫生组织提出的"积极老龄化"理念日益受到重视。为应对人口老龄化，2017年10月18日，习近平总书记在党的十九大报告中指出，要"积极应对人口老龄化，构建养老、孝老、敬老政策体系和社会环境"。2019年4月，《国务院办公厅关于推进养老服务发展的意见》发布，提出要"有效满足老年人多样化、多层次养老服务需求，老年人及其子女获得感、幸福感、安全感显著提高"。2019年11月，中共中央、国务院印发《国家积极应对人口老龄化中长期规划》，指出"人口老龄化是社会发展的重要趋势，是人类文明进步的体现，也是今后较长一段时期我国的基本国情"。2020年10月，党的十九届五中全会提出"实施积极应对人口老龄化国家战略"。2021年11月，中共中央、国务院发布《中共中央 国务院关于加强新时代老龄工作的意见》，将实施积极应对人口老龄化上升为国家战略，强调"积极老龄观、健康老龄化"，支持老年群体积极参与社会经济活动和公共生活。2022年2月，国务院发布的《国务院关于印发"十四五"国家老龄事业发展和养老服务体系规划的通知》，指出"'十四五'时期，积极应对人口老龄化国家战略的制度框架基本建立"。2022年10月，党的二十大报告提出，"实施积极应对人口老龄化国家战略，发展养老事业和养老产业"。2024年，政府工作报告再次明确提出了实施积极应对人口老龄化国家战略。由此可见，积极老龄化已经成为我国应对人口老龄化问题的重要原则。

（资料来源：作者综合整理）

二、社会数字化带来的影响

数字技术的发展和应用，正以前所未有的速度和深度改变着我们的生活方式、工作模式以及社会结构。不断发展的媒介形态使数字化逐渐渗透到人们日常生活的方方面面，如资讯获取、网络社交、移动支付、线上诊疗、教育培训……极大地提高了效率，优化了资源配置，推动社会向前发展。同时，数字技术也为全球信息传播、文化交流、创新创业开辟了无限可能，引领人类社会进入崭新的数字时代。

在数字时代，数据成为一种新的生产要素，云计算、大数据、人工智能等新兴技术的崛起不仅改变了传统的生产方式，也改变了人们的思维方式。企业和组织得以通过数据分析精准地把握市场动态，制定出更具竞争力的战略；个人可以借助智能设备实时获取各类信息，提升生活品质。数字技术正推动全球经济向高质量发展迈进，为人类社会带来了前所未有的机遇。特别对老年群体而言，数字智能技术能够帮助他们更轻松地获取信息、交流和享受便捷的服务，不仅改善了老年人的生活质量，还为应对人口老龄化提供了新策略。

（一）信息获取的便捷性

老年群体可以轻松地通过互联网访问各类信息资源，如健康知识、养老政策和法律服务等，这有助于他们更加有效地规划和管理自己的生活。同时，社交媒体和在线社区为老年人开辟了崭新的社交渠道，使他们能够借助社交媒体平台、即时通信软件以及视频通话等工具，与亲朋好友保持紧密联系，甚至能结交新朋友，从而显著减少孤独感和社会孤立的现象。

（二）生活服务的便利性

电子商务、移动支付、在线预约等现代服务手段，让老年人的生活更加便捷。智能家居技术和紧急呼叫系统，为老年群体构筑了一道坚实的防线，确保老年人在发生紧急情况时能够迅速获得帮助。此外，智能穿戴设备与健康管理应用可以帮助老年人实时监测自身健康状况，而远程医疗服务的普及让他们能够在家中就能享受到专业的医疗咨询和定期检查，有效降低了就医门槛。

（三）休闲活动的丰富性

数字技术的融入极大地丰富了老年群体的休闲生活，带来了多姿多彩的娱乐选择。无论是聆听在线音乐、观赏电影，还是参与互动游戏，都为老年人的闲暇时光增添了无限乐趣。同时，老年人还可以通过在线课程、教育平台以及电子书等丰富资源，不断学习新知识，掌握新技能，实现终身学习的追求，让生活更加充实和有意义。

（四）社会参与的支持性

数字平台为老年群体提供了积极参与社会事务的新渠道，使他们能够便捷地参与公共议题的讨论中，充分表达自己的观点，提出自己的建议，从而对社会进步和政策制定产生积极影响。此外，老年人可以凭借丰富的经验和专业知识，通过数字平台进行创业，或者投身于志愿服务活动，发挥余热，为社会贡献智慧和力量。这些方式不仅增强了老年群体的社会参与感，也让他们在晚年生活中找到新的价值和意义。

总的来说，社会数字化为老年群体带来了多种机遇，不仅显著提升了他们的生活质量，还能够促进他们的社会参与和个人发展。然而，随着数字时代的进步，一系列挑战接踵而至。设备操作困难、网络安全、数据隐私保护、数字鸿沟等问题日益凸显，对人类社会的持续发展提出了新的课题。根据第53次《中国互联网络发展状况统计报告》，截至2023年12月，我国网民规模达10.92亿人，互联网普及率达77.5%。从年龄结构看，互联网正在向中老年群体扩展，50岁及以上网民群体占比达32.5%。然而，仍有大量老年人未能跨越科技的藩篱，特别是60岁及以上老年人成为非网民的主要群体，占非网民群体的39.8%，是各年龄段中增长最快也是占比最低的群体。即使已经触网的老年人，也受多种因素的叠加影响，在日常生活中仍面临诸多高频数字融入困境，如就医时不会预约挂号、外出时无法网上订票、打车时不会使用软件、居家时不会操作智能家电、上网时无法识别网络谣言等。在数字化时代，如何消弭老年群体与其他群体之间以及老年群体内部的数字鸿沟，真正贯彻中国特色社会主义的"共享"发展理念，成为人口老龄化背景下亟待解决的重要社会问题。

延伸阅读

国家出台的智慧养老相关政策

近年来，为有效解决互联网适老化、智慧养老问题，中央和国家机关多措并举、全力推进，取得显著进展。

2015年7月，《国务院关于积极推进"互联网+"行动的指导意见》发布，明确提出要"促进智慧健康养老产业发展"。2017年2月，工业和信息化部、民政部、国家卫生计生委印发《智慧健康养老产业发展行动计划（2017—2020年）》，意味着智慧养老驶入发展快车道。2020年11月24日，国务院办公厅印发的《关于切实解决老年人运用智能技术困难的实施方案》提出，建立有效"解决老年人面临的'数字鸿沟'问题的长效机制"。2020年12月24日，工业和信息化部印发《互联网应用适老化及无障碍改造专项行动方案》，"着力解决老年人、残疾人等特殊群体在使用互联网等智能技术时遇到的困难"，"在全国范围内组织开展为期一年的互联网应用适老化及无障碍改造专项行动"；随后，公布了首批进行适老化及无障碍改造的网站和APP名单。2021年3月，政府工作报告提出推进智能化服务要适应老年群体需求，并做到不让智能工具给老年人日常生活造成障碍。2021年2月和4月，工业和信息化部先后发布《关于切实解决老年人运用智能技术困难便利老年人使用智能化产品和服务的通知》和《移动互联网应用（APP）适老化通用设计规范》等通知规范，为帮助老年群体融入数字生活制定了行业标准。2021年10月，中央网络安全和信息化委员会印发《提升全民数字素养与技能行动纲要》，对提升全民数字素养与技能作出了全面部署。自2022年起，中央网信办等部门每年发布年度《提升全民数字素养与技能工作要点》，以贯彻落实

009

全民数字素养与技能提升行动,加快数字化发展,建设网络强国和数字中国。实践层面,自2020年底开始,国务院、工业和信息化部等部门推进了互联网应用适老化改造,以帮助老年群体更方便地使用数字技术。

(资料来源:作者综合整理)

第二节 数字鸿沟的概念与演变

一、数字鸿沟的概念和内涵

数字鸿沟(Digital Divide,DD)概念最早由美国国家远程通信和信息管理局(NTIA)于20世纪90年代提出,最初指的是技术接入拥有者和技术接入缺乏者之间的差距。关于数字鸿沟的定义,国内外许多学者以及经济合作与发展组织(OECD)、美国商务部(DOC)、国际电信联盟(ITU)等组织都提出了相应的概念。其中,最有代表性的是1999年经济合作与发展组织提出的:数字鸿沟是指"不同社会经济水平的个人、家庭、企业和地理区域,在获取信息和通信技术以及在各种活动中利用互联网的机会及其使用方面的差距"。国际电信联盟认为:"数字鸿沟可以理解为由于贫穷、教育设施中缺乏现代化技术以及由于文盲而形成的贫穷国家与富裕发达国家之间、城乡之间以及年轻一代与老一代之间在获取信息和通信新技术方面的不平等。"

2013年,国家信息中心信息化研究部发布的《中国数字鸿沟研究》报告将数字鸿沟界定为不同社会群体之间在拥有和使用现代信息技术方面存在的差距。与此同时,国内学者也从不同角度对数字鸿沟进行阐释。胡延平、胡鞍钢和周绍杰等人认为,数字鸿沟是一种不平等、不平衡现象,是在全球数字化进程中，不同国家、地区、行业、企业、人群对信息、网络技术的占有和应用程度的不同所造成的"信息落差""知识分隔""贫富分化"问题。陆杰华和韦晓丹将老年人在数字化时代面临的技术接入和使用方面的差距称为"银发数字鸿沟"。周裕琼和丁海琼认为银发数字鸿沟的本质是传统代沟在数字时代的延伸。黄晨熹认为接入端、使用端和知识端三层代际差异是老年人数字鸿沟的重要形式。这些差距被认为会加剧社会不平等，并在那些能够接触和使用新媒体的人（拥有者）和那些没有获得新媒体的人（没有者）之间造成持续的信息或知识差距。

近年来，研究人员不断重构定义数字鸿沟的概念，更加关注社会、地理和文化背景，包括的内容越来越丰富，范围及应用也越来越广泛。在数字化进程中，不同国家、地区、行业、企业、社区之间信息和网络技术的拥有程度、应用程度以及创新能力的差别导致信息落差及贫富两极分化的趋势。发达国家和发展中国家在网络基础设施、技术普及度、教育资源和技能培训等方面存在显著差异，这些差异直接影响了它们在全球经济中的竞争力和民众的生活质量。在地理分布上，城市地区通常比农村地区拥有更好的网络连接和技术资源。此外，年龄、性别、收入和种族等因素也在个人层面上造成了数字鸿沟。低收入家庭可能无法负担昂贵的设备和服务，而某些少数族裔群体可能由于语言和文化障碍而难以充分利用数字技术。新兴科技的出现，如人工智能、物联网和大数据分析，可能会引发新的数字落差。那些能够掌握和应用这些先进技术的个人与组织将获得竞争优势，而那些无法接触或理解这些技术的人可能会进一步落后。在数字时代中，具备良好数字素养和媒介素养的人群能够更有效地搜索、评估与利用信息资源，从而在职业发展、教育机会和社会参与等方面取得优势。相反，数字素养较低的人群可能在求职、学习和表达意见时遇到更多障碍。

这些研究表明，数字鸿沟是经济和社会发展矛盾在数字时代的集中反映，是一个多维度、动态变化的现象，它不仅涉及技术接入的物质层面，还包括使用技能和知识理解的能力层面。在老年群体中，这种鸿沟表现得更为明显，且具有异质性特征。随着社会的数字化转型不断加速，如何弥合缩小这一鸿沟，不仅是为了帮助弱势群体跟上时代步伐，更是落实一系列国家发展战略的客观需要和迫切要求。

二、数字鸿沟的发展演变

数字鸿沟的发展演变是一个多维度且复杂的过程，涉及技术、教育、经济和社会等多个方面的交织变化。初期的研究主要集中于接入层面，即聚焦于物质条件导致的数字设备拥有者与缺乏者之间的差距；随后，研究领域拓展至使用层面，关注个体在新媒体技能水平与使用程度上的差异；进一步地，研究延伸到效果层面，涌现出"效果沟""知识沟""信念沟"等多种概念，最终触及政策层面，形成"政策鸿沟"。

在早期阶段，数字鸿沟主要存在于不同经济地位的个体之间。学界对这一问题的探讨主要围绕信息通信技术（ICT）的"接入"和"使用"两方面展开。学者如 Riccardini 和 Fazion、Dewan 和 Riggins、许庆红等指出，社会不同群体在互联网可及性（拥有或缺乏）和使用（use or not use）上的差异，是数字鸿沟产生的核心原因。根据不同的成因，数字鸿沟被具体分为接入沟（亦称"第一道数字鸿沟"）与使用沟（亦称"第二道数字鸿沟"）。其中，接入沟考察的是数字设施设备层面的拥有者与缺乏者间的差异，这不仅包括互联网接触与否的实际差别，还涉及区域或组织间的数字渗透差异，主要受信息基础设施状况、经济实力和政府决策等因素影响。使用沟专注于不同人群在数字应用能力与技能上的差异，主要是已接触互联网人群的相关能力差异，这主要取决于技术界面的友好度和使用者的数字技能水平。

随着数字技术与生产、生活及社会治理的深入融合，以及互联网普及率的提升和入网成本的持续降低，数字接入方面的差距逐渐缩小。然而，更多的挑战转向了互联网使用能力及从中获取的知识上的差距。这一转变使数字鸿沟的概念和内涵变得更加丰富。例如，黄晨熹等学者开始关注信息资源和知识获取上的差距，即知识沟（亦称"第三道数字鸿沟"），认为接入、使用和知识三个层面的代际差异是老年群体面临的银发数字鸿沟的重要形式。这表明，即使接触到相同的信息，由于社会经济地位的不同，人们从中获取知识的速度和效率也存在差异，最终获得的知识量不同。基于此，韦路和秦璇提出了"主客观知识沟"这一新概念，将知识沟的研究视角从不同阶层间的客观或主观知识差异转向个体在主观与客观知识上的认知差异，从而将知识沟的研究范围从大众传播、群体传播、人际传播拓展至人内传播或自我传播层面，增加了知识沟理论的解释维度。陆杰华、韦晓丹从数字鸿沟和知沟理论的视角分析了老年人面临的多种困境，如信息获取受限、风险感应迟钝、社会排斥加剧等。此外，教育、收入、性别、年龄及基础设施等因素被认为是形成数字鸿沟的关键影响因素。杨峥威、曹书丽进一步指出，数字鸿沟将深刻影响社会资源的分配与再分配，重塑政治、经济、文化和代际格局，造成新的结构性不平等问题。

近年来，数字鸿沟的影响已超越技术和知识的范畴，开始对全球政策的制定产生影响，本书称为"政策鸿沟"。具体来说，数字技术先进的经济体对全球数字规则的制定产生深远影响，而发展中国家往往被动接受这些规则，甚至在数字贸易中成为数据供应者。这种无形的壁垒正日益威胁各国在数字治理领域的公平竞争。

综上所述，关于老年群体数字鸿沟的研究覆盖了从宏观到微观、从内部结构到外部影响的多个层面，为进一步研究提供了重要的理论支撑。然而，深入分析表明，当前学界对数字鸿沟的研究尚存在一些问题：首先，数字鸿沟的概念界定尚存争议，特别是对其分级的研究未达成共识，需要进一步探索；其次，研究方法上量化研究较多，质性研究相对较少，且缺少多学科的融合视角；最后，如何有效弥合数字鸿沟也是未来研究的重要方向。因此，老年群体数字鸿沟问题仍有较大的研究空间和深入探索的价值。

第三节　老年群体面临的数字鸿沟

为积极回应人口老龄化和数字化时代下老年群体数字鸿沟治理议题，了解和分析老年群体的数字生活愿景，切实解决老年群体在运用智能技术时遇到的困境，增强老年数字鸿沟治理的针对性和有效性，本节从积极老龄化视域出发，结合老年群体自身发展需要，深入分析研判老年群体数字鸿沟的基本现状及现实梗阻，分析其背后的原因、本质与影响，并提出相应对策建议，以期为弥合数字鸿沟、促进社会公平发展提供有效的参考。

一、研究设计

在综合现有研究成果的基础上，本书依托陆杰华、韦路、黄晨熹等学者提出的接入沟、使用沟、知识沟的概念，对应第一道数字鸿沟、第二道数字鸿沟、第三道数字鸿沟（见表1-1）。这些概念被用来度量老年群体面临的数字鸿沟现状，包括ICT资源的接入、ICT的使用及其影响效能。

表1-1　数字鸿沟的三个层级

层级	内容	类别
接入沟（Access）	经济条件、物质基础	第一道数字鸿沟
使用沟（Capability）	数字技术使用水平、程度	第二道数字鸿沟
知识沟（Knowledge）	认知、态度、价值观、行为模式	第三道数字鸿沟

首先，我们将数字鸿沟的接入沟、使用沟、知识沟三个层级作为测量老年人数字鸿沟的一级维度（一级指标）。每个维度下进一步拆解为若干二级指标，以深化理解与评估。具体而言，接入沟涵盖网络接入和硬件设备

两项二级指标；使用沟包括时间管理、使用技能和使用意愿三个二级指标；知识沟由效能感知、数字素养和媒介素养三个二级指标构成（见表1-2）。在二级指标之下，我们又设置了34个具有不同层次的测量问题，旨在全面捕捉包括样本基本情况在内的多方面信息。

表1-2 老年人数字鸿沟测量量表

一级指标	二级指标
接入沟	网络接入
	硬件设备
使用沟	时间管理
	使用技能
	使用意愿
知识沟	效能感知
	数字素养
	媒介素养

资料来源：表中内容为作者自行整理。

其次，我们自行编制了"老年群体数字鸿沟调查问卷"初稿，并在研究者属地进行了测试及修改和增删，形成了最终问卷。整份问卷共30个问题，包括28个封闭式问题和2个开放式问题（见附录一）。

再次，采用SPSS 26.0软件对调查问卷进行信度和效度检验。信度分析采用Cronbach'α信度系数法验证问卷的可靠性。问卷整体信度系数为0.858，表明问卷量表稳定性高，可以进行下一步的研究和分析。效度分析采用KMO样本测度及Bartlett球形度检验测量，结果如表1-3所示。KMO样本测度为0.862，Bartlett球形度检验的显著性为0.001，小于0.05，说明问卷效度良好。

表1-3　KMO样本测度及Bartlett球形度检验

KMO样本测度		0.862
Bartlett球形度检验	近似卡方	1943.532
	自由度	251
	显著性	0.001

最后，我们采用了线上问卷调查与线下实地访谈相结合的方法，面向全国的老年人进行问卷调查及访谈调研。同时，我们结合量化研究与质性研究的方法进行分析，以增强所得数据和研究结果的完整性与可靠性。

需要说明的是，虽然世界卫生组织和我国法律规定60岁及以上的人群为老年人，但是根据《国务院关于安置老弱病残干部的暂行办法》以及《国务院关于工人退休、退职的暂行办法》（国发〔1978〕104号）的规定，我国职工现行退休年龄为男性60周岁，女干部55周岁，女工人50周岁。因此，现实中存在一部分年过50岁且已办理退休的女性被称为"准老年人"。鉴于这一特殊群体的存在，本书将调查对象的范围确定为两部分：一是年龄为50—59岁已办理退休手续的"准老年人"，二是年龄达到60岁及以上的老年人口（为表述方便，本书将以上两类人群统称为"老年人"）。这样的划分旨在更全面地了解和研究我国老年人及"准老年人"的相关情况，以期为相关政策的制定和优化提供更为精准的数据支持与理论依据。

二、数据来源

（一）问卷调查

2023年8月，我们通过"问卷星"在线问卷调查并结合线下访谈调研搜集必要的数据。为得到真实数据，问卷采取匿名填写的方式。调查期结束后，我们对数据进行了清理和校验工作，最终获得702个有效样本。

对人口学特征进行基本描述统计（见表1-4），并分析样本在性别、年龄、受教育程度和居住情况等变量上的差异，并对各变量与老年群体数字鸿沟现状进行交叉和回归分析，剖析银发数字鸿沟现状及面临的问题与挑战。总体而言，受调查者城市户籍、已婚、女性较多，60—79岁年龄占比最大，受教育程度和收入水平中等偏下，健康状况良好，生活来源主要依靠离退休养老金，且多数受调查者与配偶子女共同居住。

表1-4 调查对象描述性统计信息

名称	选项	频次	百分比
性别	男	258	36.8%
	女	444	63.2%
年龄	50—59岁	114	16.2%
	60—69岁	377	53.7%
	70—79岁	195	27.8%
	80岁及以上	16	2.3%
受教育程度	小学及以下	59	8.4%
	初中	106	15.1%
	中专及高中	241	34.3%
	大专	187	26.6%
	本科及以上	109	15.5%
户籍	城市户籍	617	87.9%
	农村户籍	85	12.1%
离退休之前的职业	党政机关公务员	68	9.7%
	科教文卫等事业单位工作者	99	14.1%
	企业、商业等单位工作者	344	49.0%
	个体、私营业主	142	20.2%
	农民	49	7.0%

续表

名称	选项	频次	百分比
目前主要生活来源	离退休养老金	625	89.0%
	积蓄、投资收入	14	2.0%
	劳务工作收入	24	3.4%
	配偶供给	14	2.0%
	子女供养	20	2.9%
	最低生活保障补助	5	0.7%
婚姻状况	已婚	586	83.5%
	离异	17	2.4%
	丧偶	94	13.4%
	未婚	5	0.7%
居住情况	老年夫妇同住	300	42.7%
	独居	124	17.7%
	与子女和孙辈等同住	257	36.6%
	与父母等同住	15	2.1%
	其他	6	0.9%
健康状况	平素体健	257	36.6%
	亚健康状态	150	21.4%
	患有慢性疾病（不影响生活质量）	266	37.9%
	患有慢性疾病（对生活质量有较大影响）	29	4.1%
各项合计		702	100%

注：各百分比加总之和与合计值稍有出入，系四舍五入导致。

（二）访谈调研

在问卷调查的基础上，我们进一步扩展了研究范围，2023年10月至2024年1月期间，分别对山东省济南、淄博、潍坊、滨州等地市相关政府部门、社区、养老机构、智慧养老服务平台及信息技术企业进行座谈或访谈（调研提纲见附录二、附录三），具体访谈单位包括山东省民政厅、中共山东省委网信办、山东老年大学、淄博市张店区马尚镇街道世纪花园社区、日照市"照护您"智慧养老综合服务中心、潍坊市智慧养老服务中心、山东黄河谣数字医疗产业园等，共获得调研资料7份。

这一系列实地访谈旨在从多角度真实地反映社会各界对老年人数字技术推广使用的现状、影响及认知水平，同时也为验证问卷调查结果的可靠性与有效性提供了重要依据。

三、老年群体面临的数字鸿沟现状

（一）接入沟：基础设施建设比较完善

在硬件设施方面，有96.2%的老年人拥有一种以上包括智能手机、计算机、智能电器、智能医疗用品等在内的数字设备（见图1-1）。交叉分析发现，年龄越低，使用数字设备的种类越多，80岁及以上老年人使用数字设备的数量微乎其微。这表明，随着互联网技术的飞速发展，年老一代网民数量迅速扩张，数字设备在老年人中间不断得到普及，老年人从中获取通信信息、知识技能、娱乐体验等数字服务俨然已成为一种基本生活需求。但需要说明的是，本次调查对象88.0%是城市户籍老年人，广大农村、偏远地区老年人数字设备使用情况仍非常不乐观。

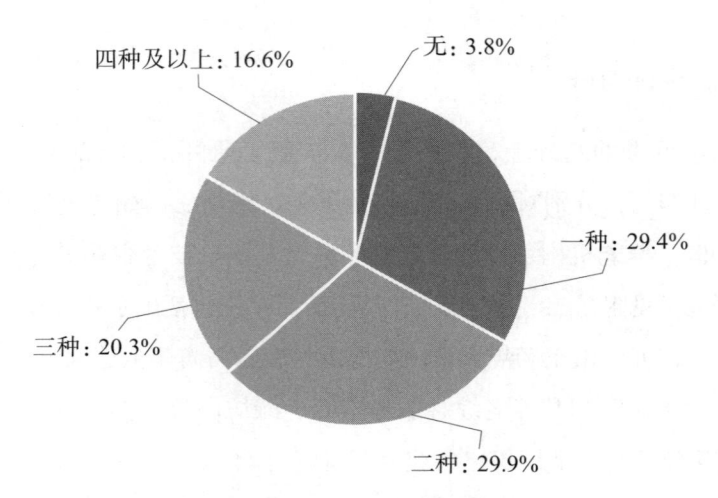

图1-1 老年人数字设备拥有种类

- 四种及以上：16.6%
- 无：3.8%
- 一种：29.4%
- 二种：29.9%
- 三种：20.3%

在使用数字设备的老年人中，其中有一半多（53.5%）的老年人是自己购买的数字设备，也有44.5%的老年人是子女给买的（见图1-2），个别老年人（2.0%）是他人赠送或使用子女淘汰下来的智能设备。这一方面说明老年人的数字消费欲望及能力大有提高，另一方面说明大部分子女对老年人智能设备的使用持支持态度。

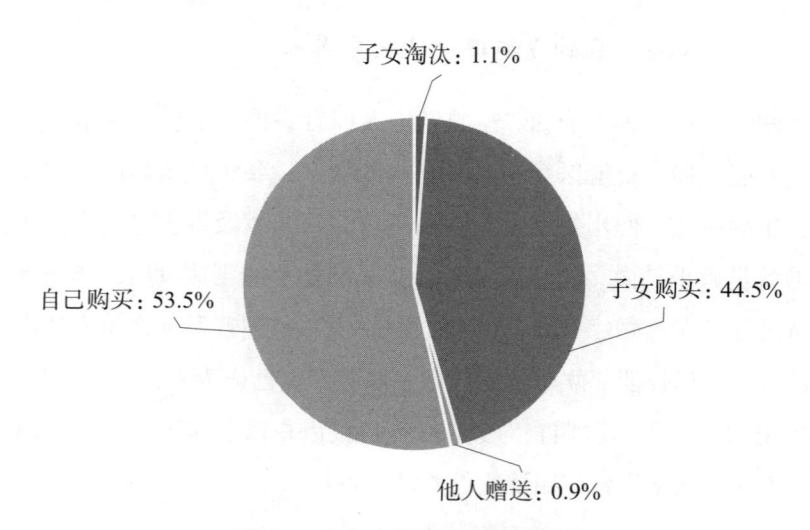

- 子女淘汰：1.1%
- 自己购买：53.5%
- 子女购买：44.5%
- 他人赠送：0.9%

图1-2 老年人数字设备来源渠道

第一章　数字时代与数字鸿沟

影响数字设备接入还受老年人的性别、年龄、受教育程度、户籍、经济状况、居住情况、健康状况等因素的影响。此次调查数据显示：老年人的年龄越小、受教育程度相对越高、经济状况相对越好，拥有数字设备的比例越大；居住在城区的老年人拥有数字设备的数量与质量均高于生活在郊区和农村的老年人；女性老年人拥有数字设备的比重高于男性老年人；身体相对健康（平素体健或患有慢性疾病但不影响生活质量）、与配偶或子女等同住的老年人数字设备的接入比重高于独居的老年人。

在政府及社会支持层面，近年来党和国家高度重视有效解决互联网适老化、弥合老年数字鸿沟问题，尤其2020年10月《中共中央关于制定国民经济和社会发展第十四个五年规划和二〇三五年远景目标的建议》明确提出"实施文化产业数字化战略，加快发展新型文化企业、文化业态、文化消费模式"以来，通过政策引领、资源整合、技术创新、模式创新以及示范引领等系列措施，不断推进互联网基础资源建设，促进互联网基础资源应用，优化互联网接入环境。中国互联网络信息中心发布的第53次《中国互联网络发展状况统计报告》显示，截至2023年12月，三家基础电信企业的固定互联网宽带接入用户总数达6.36亿户，千兆及以上速率的固定宽带接入用户为1.63亿户；累计建成5G基站337.7万个，覆盖所有地级市城区、县城城区，5G移动电话用户达8.05亿户；网民使用手机上网的比例达99.9%，使用台式电脑、笔记本电脑、电视和平板电脑上网的比例分别为33.9%、30.3%、22.5%和26.6%。

由此可见，随着互联网技术的不断迭代和基础设施建设加快，技术成本的降低使银发数字鸿沟的"接入沟"正被逐渐填平，即跨越数字设备之坎的客观条件已大大改善。这主要得益于近年来我国大力推进数字适老化发展，致力于创造对老年人友好的互联网环境，进一步激发老年群体的用网活力。

（二）使用沟：数字技能影响老年群体的触网习惯

社交聊天、电话及短信、网购、新闻资讯……老年群体的需求日趋多样化。在数字设备用途的多选题中，移动社交（67.4%）、休闲娱乐（65.7%）、生活服务（59.0%）及网络购物（57.3%）是老年人选择较多的选项（见图1-3）。大量研究也表明，信息通信技术的应用和服务可以帮助政府与老年人应对老龄化挑战。通过上网，老年人能够了解健康资讯、与家人保持联络、在网上购物、使用政务服务等。这些活动可以帮助老年人提升社会参与水平，促进积极老龄化过程。

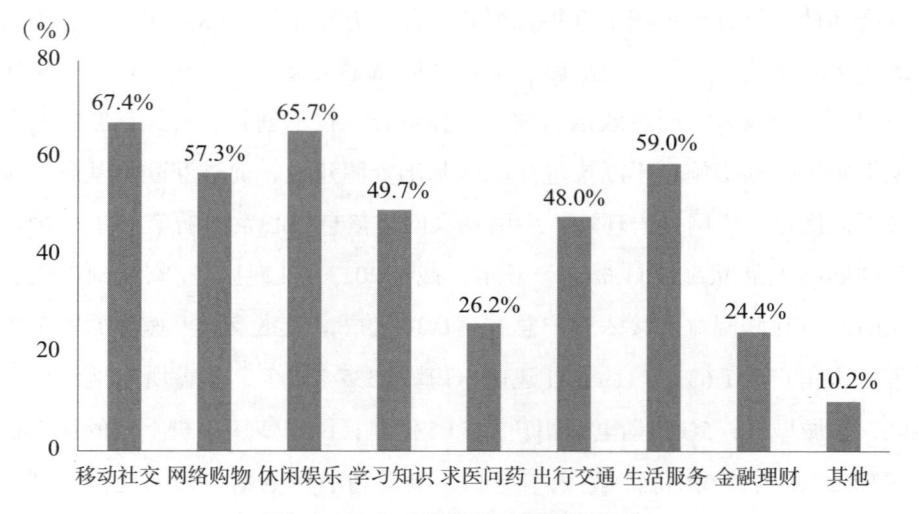

图1-3 老年人使用数字设备的用途

用途	比例
移动社交	67.4%
网络购物	57.3%
休闲娱乐	65.7%
学习知识	49.7%
求医问药	26.2%
出行交通	48.0%
生活服务	59.0%
金融理财	24.4%
其他	10.2%

与此相对应，老年人掌握的最主要数字技能依次为视频聊天（86.1%）、移动支付（73.6%）、连接Wi-Fi（69.5%），也有三四成老年人会下载并使用APP、网上挂号及制作并发布小视频，而识别网络谣言占比不到28.5%（见图1-4）。中国社会科学院国情调查与大数据研究中心、腾讯社会研究中心等联合发布的《中老年互联网生活研究报告》也显示，中老年人的互联网应用集中于沟通交流和信息获取方面。他们的网络体验日渐全面，手机支付、导航、打车等便捷功能渐渐融入中老年人生活。

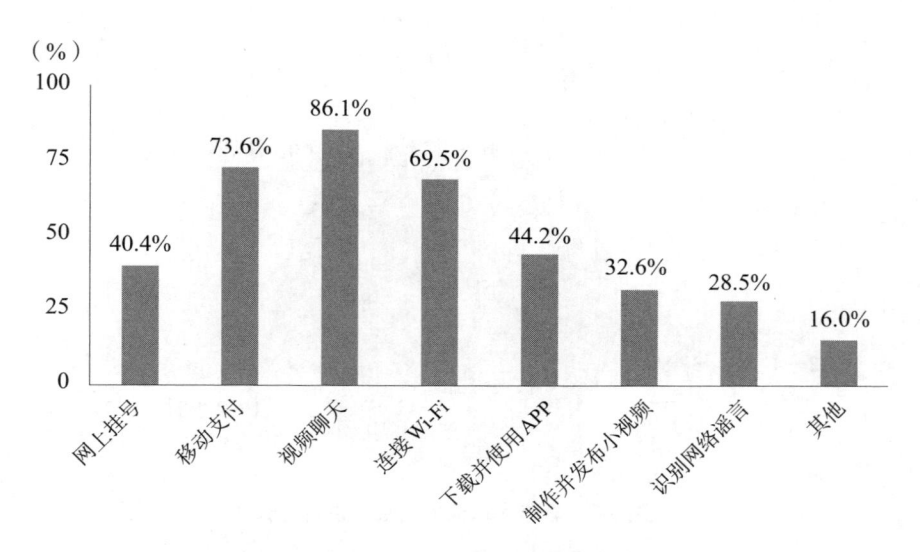

图1-4 老年人掌握的数字技能

在数字设备学习时长方面，61.1%的老年人不到一个月就基本学会了数字设备的使用，22.6%的老年人用了一个月到半年的时间（见图1-5）。这从侧面反映了老年人使用数字设备的热情和能力。

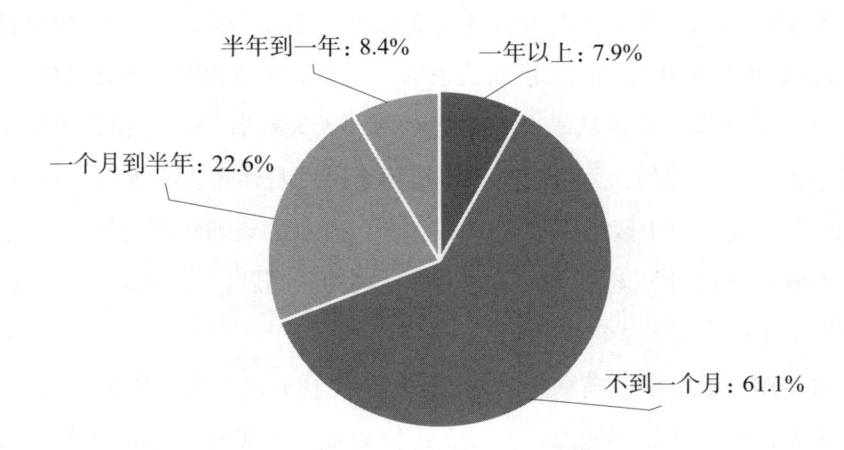

图1-5 老年人数字设备学习时长

调查发现，41.3%的老年人每天使用数字设备（主要是手机上网）在2小时以内，20.9%超过4小时，其中4.1%超过8小时（见图1-6），不输年轻人。由此可见，老年人的数字成瘾问题应该得到足够重视。

023

跨越数字鸿沟：老年融合出版的机遇与策略 >>>>>

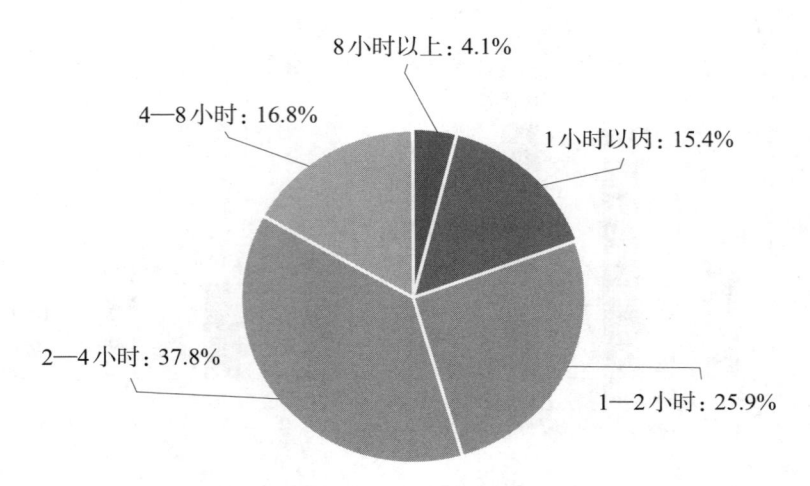

图1-6　老年人每天使用数字设备时长

（饼图数据：1小时以内：15.4%；1—2小时：25.9%；2—4小时：37.8%；4—8小时：16.8%；8小时以上：4.1%）

值得注意的是，在接受调查的老年人中，37.1%的老年人认为自己"没有网瘾"。事实上，不少老年人每天除了基本生活，大部分时间都消耗在互联网上。因为长时间使用手机上网，他们的眼睛、脊柱会受到不同程度的损伤。深度沉迷上网更会让他们的精神长时间紧张或亢奋，会带来失眠，甚至影响家庭关系。此外，这也会影响他们参与线下活动的积极性。"老头子原来经常到附近的公园溜达锻炼，完了在那边和别人下几盘棋再买菜回家，可这半年多自从学会了手机上网，天天捧着手机看视频下象棋，大门不出二门不迈的，弄得眼睛花得更厉害了，身体也大不如前，这可咋办呢？"济南市市中区乐山小区休闲广场上68岁的柴阿姨诉苦道。这意味着我们既要解决部分老年人面临的"数字鸿沟"问题，又要面对部分老年人过度沉迷网络而无法自拔的问题。

对使用的数字设备满意度调查题采用李克特五级量表，从1—5分分别为非常不满意、比较不满意、一般、比较满意、非常满意，得分越高表示满意度越高。调查发现，老年人对数字设备的总体满意度较高，说明"适老化"数字设备的满意度还有待提高。进一步分析发现，"功能太复杂，不愿使用"（15.1%）、"太难学，不会使用"（14.8%）、"不安全，不敢使用"（7.0%）、"字号、声音太小等，不方便使用"（6.7%）是老年人不使用数字设备的主要原因，而"没有开通网络"和"没有数字智能设备"只占1.7%和4.9%（见图1-7）。这与中国互联网络信息中心发布的第53次《中国互联网络发展状况统计报告》所调查的非网民不上网的原因数据基本一致（见图1-8）。

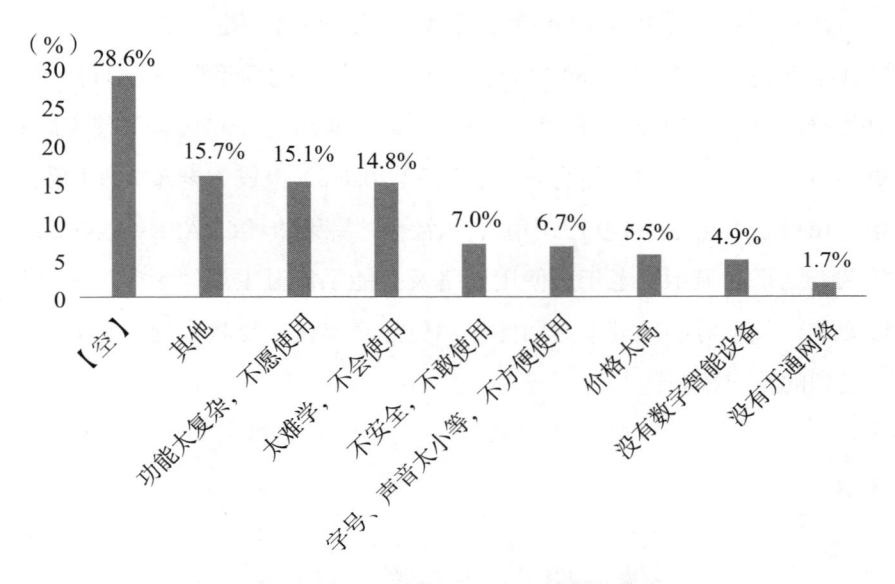

图1-7 老年人未使用数字设备的原因

数据（从左至右）：
- [空]：28.6%
- 其他：15.7%
- 功能太复杂，不愿使用：15.1%
- 太难学，不会使用：14.8%
- 不安全，不敢使用：7.0%
- 字号、声音太小等，不方便使用：6.7%
- 价格太高：5.5%
- 没有数字智能设备：4.9%
- 没有开通网络：1.7%

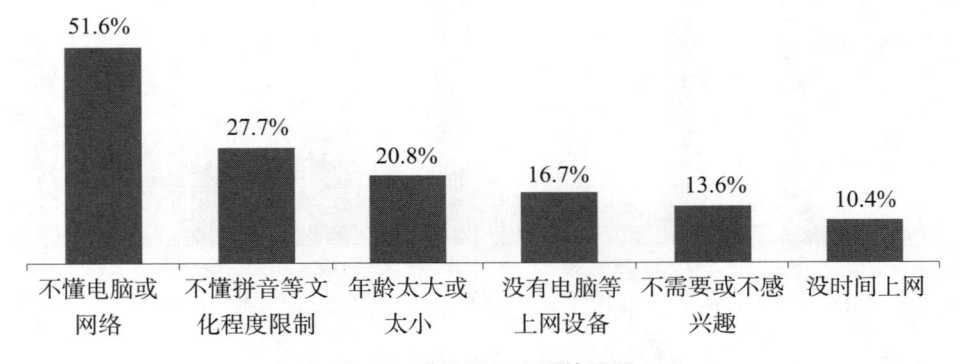

图1-8 非网民不上网的原因

数据（从左至右）：
- 不懂电脑或网络：51.6%
- 不懂拼音等文化程度限制：27.7%
- 年龄太大或太小：20.8%
- 没有电脑等上网设备：16.7%
- 不需要或不感兴趣：13.6%
- 没时间上网：10.4%

由此可见，尽管我国老年人的数字设备使用比率、使用频次与其他年龄阶段相比差距正在进一步缩小，但由于生理机能衰退、认知能力下降、数字设备不适老、社会地位和经济上处于弱势等，老年人普遍面临数字设备不能用、不会用、不想用、不敢用的困境。

（三）知识沟：数字素养缺失威胁老年群体数字安全

在被问及使用数字设备带来哪些有利影响时，绝大多数老年人认为""让生活更丰富多彩"（83.7%）、方便了与外界的联络"（83.4%）、"生活更便捷高效"（65.1%）。此外，"节省了消费支出"（29.7%）、"使家庭关系更和谐"（27.9%）和"使身心更健康"（20.4%）也成为老年人使用数字设备的积极动力（见图1-9）。中国老年社会追踪调查（CLASS）数据2020年的调查结果也显示，老年人使用网络及智能手机对主观健康产生显著的积极影响，其中对心理健康方面的作用更加突出，且受教育程度越高的老年人受到的正向影响越大。

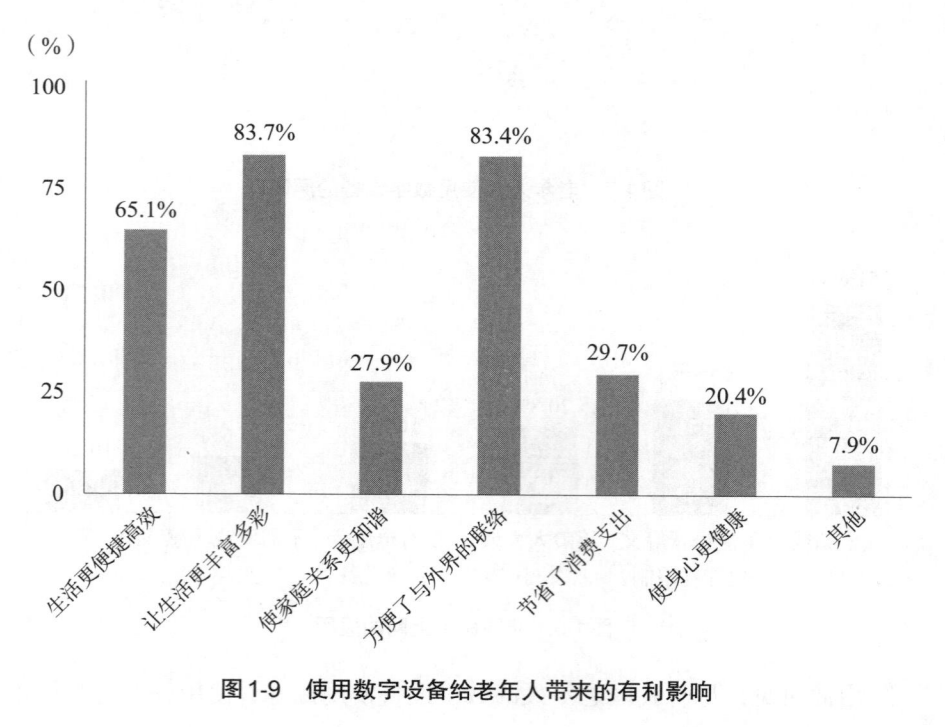

图1-9 使用数字设备给老年人带来的有利影响

与之相对应，也有近半数老年人感觉"增加了消费支出"（48.8%）、"网络谣言太多，难辨真假"（48.3%）和"个人隐私信息泄露"（40.4%），还有21.8%的老年人认为"影响身心健康"（见图1-10）。

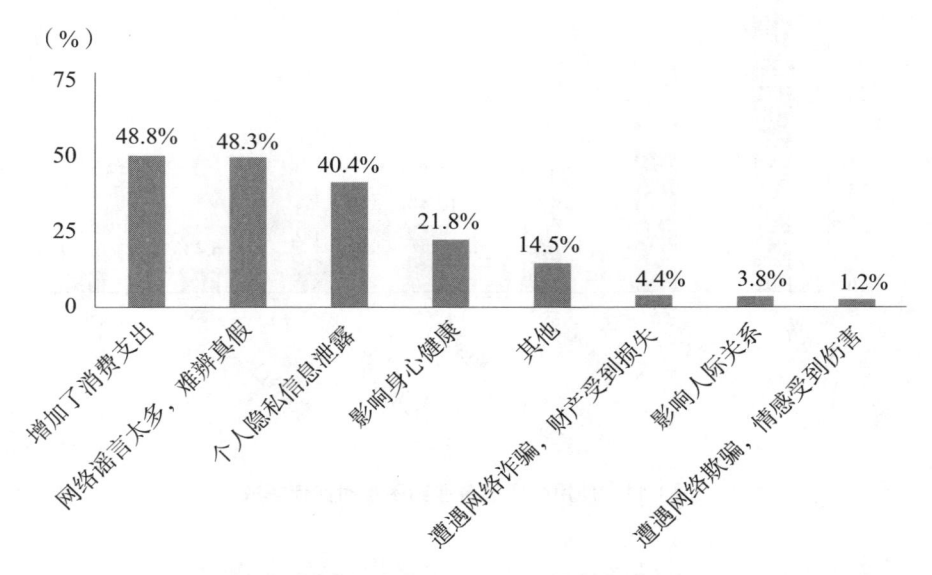

```
（%）
75

50  48.8%  48.3%
              40.4%
25                  21.8%
                         14.5%
                              4.4%  3.8%  1.2%
 0
   增加了  网络谣言  个人隐私  影响身心  其他  遭遇网络  影响人际  遭遇网络
   消费支出 太多，   信息泄露  健康           诈骗，   关系    欺骗，
          难辨真假                         财产受到         情感受到
                                         损失            伤害
```

图1-10　使用数字设备给老年人带来的不利影响

调查发现，"在使用数字设备遇到困难时，您通常如何解决？"这个问题中，"求助子女等家人"（82.0%）成为绝大多数老年人的首选。其次，"求助亲朋好友"（36.6%）、"网络查询"（24.4%）、"求助专业机构或个人"（17.4%）也成为主要选项。值得注意的是，约有8.1%的老年人选择"束手无策，放弃使用"（见图1-11）。

可喜的是，调查中发现，面对海量庞杂的网络信息，68.6%的老年人会"根据自己的需求，筛选网络信息"，"通过浏览查询，了解信息来源"（38.1%），并"根据相关信息，评估网络信息的可靠性、时效性"（32.3%），还有20.1%的老年人能"综合使用文字、图表、链接、视频等多种形式对获取的信息进行编辑处理"。不过不可忽视的是，6.4%的老年人对网络信息"不加辨别，选择相信并进行转发"，其信息素养堪忧（见图1-12）。

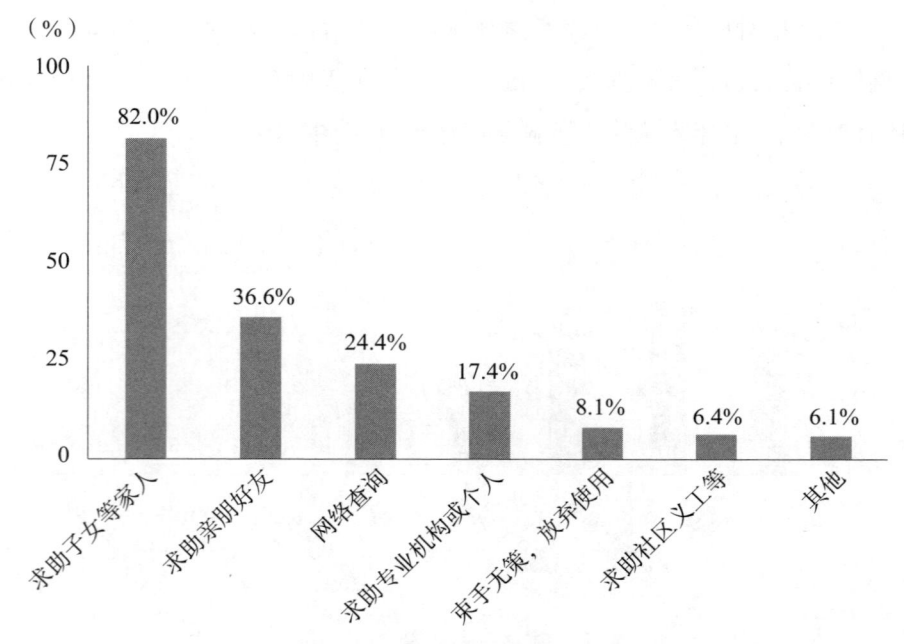

图 1-11 使用数字设备遇到困难时如何解决

求助子女等家人 82.0%
求助亲朋好友 36.6%
网络查询 24.4%
求助专业机构或个人 17.4%
束手无策，放弃使用 8.1%
求助社区义工等 6.4%
其他 6.1%

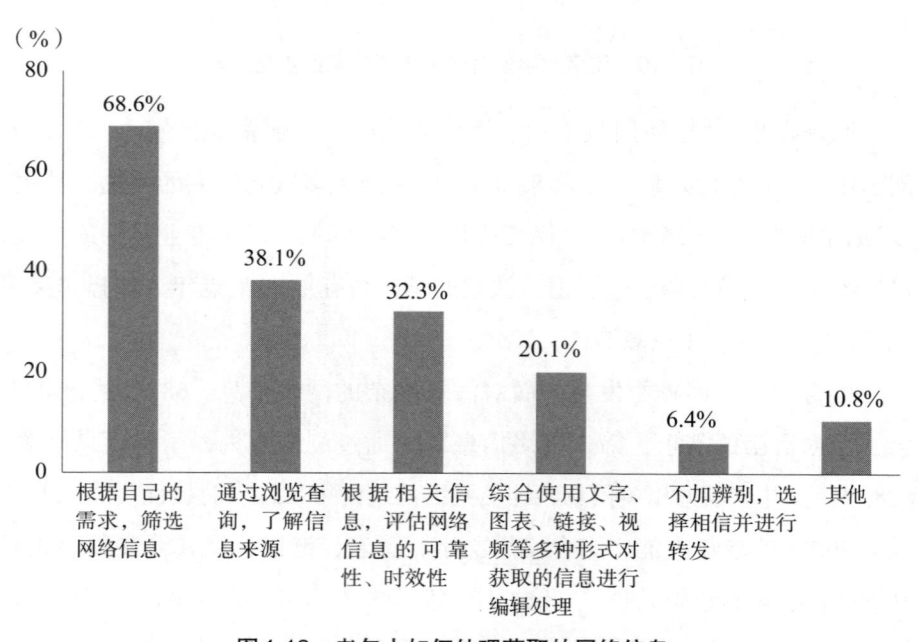

图 1-12 老年人如何处理获取的网络信息

根据自己的需求，筛选网络信息 68.6%
通过浏览查询，了解信息来源 38.1%
根据相关信息，评估网络信息的可靠性、时效性 32.3%
综合使用文字、图表、链接、视频等多种形式对获取的信息进行编辑处理 20.1%
不加辨别，选择相信并进行转发 6.4%
其他 10.8%

关于数字信息安全，超过五成的老年人能意识到"个人信息泄露、数据丢失等信息安全风险是很严重的事情"（62.5%）、"了解如何防范上述风险的基本知识"（56.7%），超过四成的老年人"在与他人进行网络交流时能选择合适的方式保护自己及他人隐私安全"（44.5%）、"通过使用杀毒软件、防火墙、设备有效密码等方法保障自己的设备安全"（42.4%）（见图1-13）。

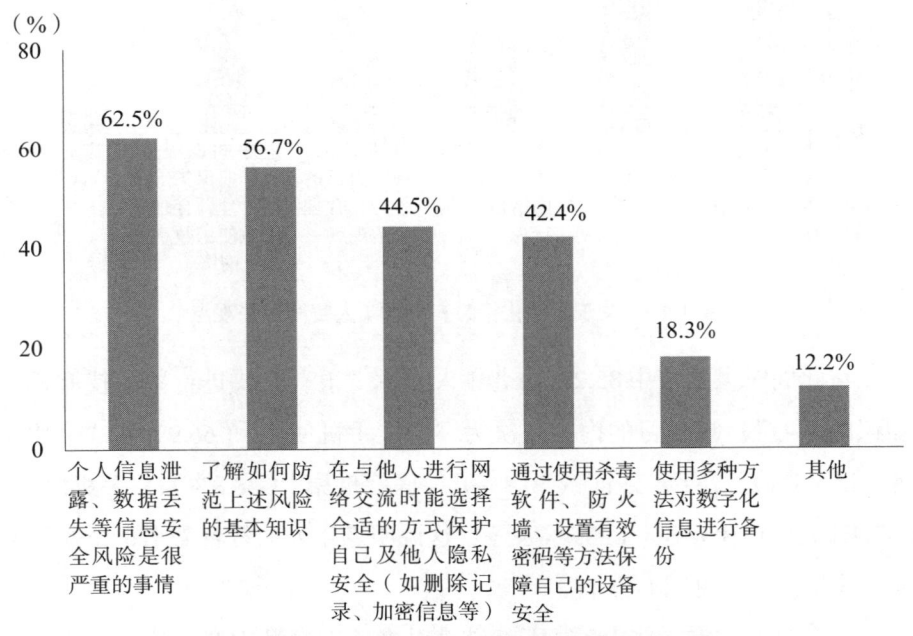

图1-13 关于数字化信息安全问题老年人赞同哪些观点

在数字行为安全方面，很多老年人的行为也可圈可点，如赞同"理解并遵守关于数字技术使用的法律法规"（71.5%）、"合理控制上网时间"（70.9%）、"非常不赞同传播谣言、网络欺凌等行为"（68.6%）、"尊重他人，规范自己的行为，合理表达观点"（66.6%）、"遵守知识版权、著作权保护等数字伦理，合理合法地使用数字设备及网络"（49.4%）（见图1-14）。

跨越数字鸿沟：老年融合出版的机遇与策略 ▶▶▶▶

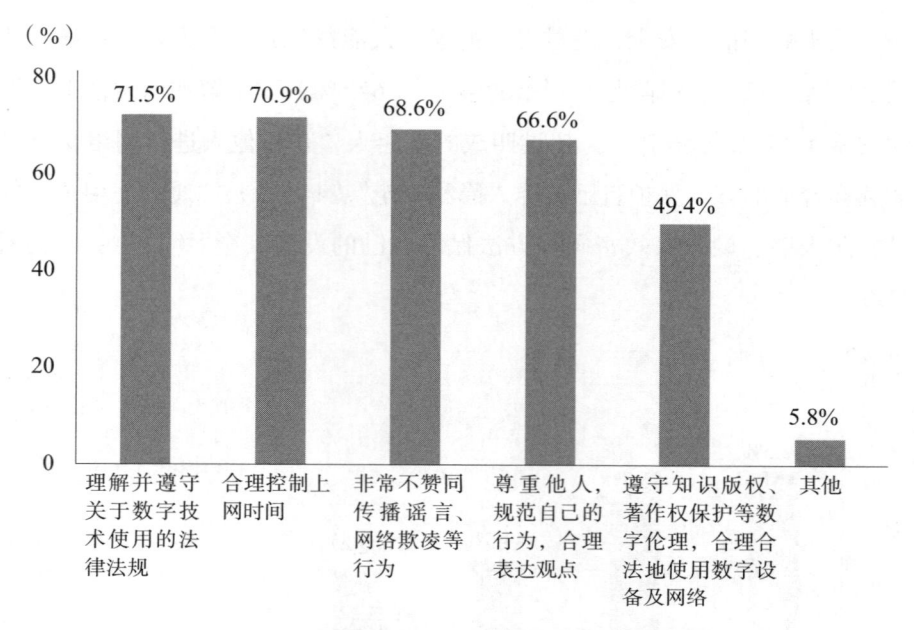

图1-14 关于数字化行为安全老年人赞同哪些观点

观点	比例
理解并遵守关于数字技术使用的法律法规	71.5%
合理控制上网时间	70.9%
非常不赞同传播谣言、网络欺凌等行为	68.6%
尊重他人，规范自己的行为，合理表达观点	66.6%
遵守知识版权、著作权保护等数字伦理，合理合法地使用数字设备及网络	49.4%
其他	5.8%

与此同时，调查中85.2%的老年人表示"很有必要进行数字技能相关知识的学习"。想学习的内容依次为"智能手机使用"（66.9%）、"生活服务"（55.5%）、"网络安全"（50.9%）、"医疗健康"（48.8%）、"手机出行"（47.4%）、"休闲娱乐"（33.7%）等，这说明老年人的教育需求正由娱乐型向赋能型转变（见图1-15）。

从学习形式看，线上+线下相结合是老年人最受欢迎的选项。线上学习包括"观看教育视频"（51.5%）、"收听学习音频"（32.9%），线下学习包括"现场授课"（37.8%）、"阅读教育文章"（35.2%）等（见图1-16）。

学习渠道方面，超过半数（52.6%）的老年人首选"子女等家人帮助"，还有超过四成的老年人倾向于参与"社区课堂"（41.0%）、上"老年大学"（44.2%）、"自学"（43.0%）。值得注意的是，"同辈互助"（34.3%）、参与"社会组织举办的培训活动"（32.6%）也是老年人乐于接受的学习途径（见图1-17）。

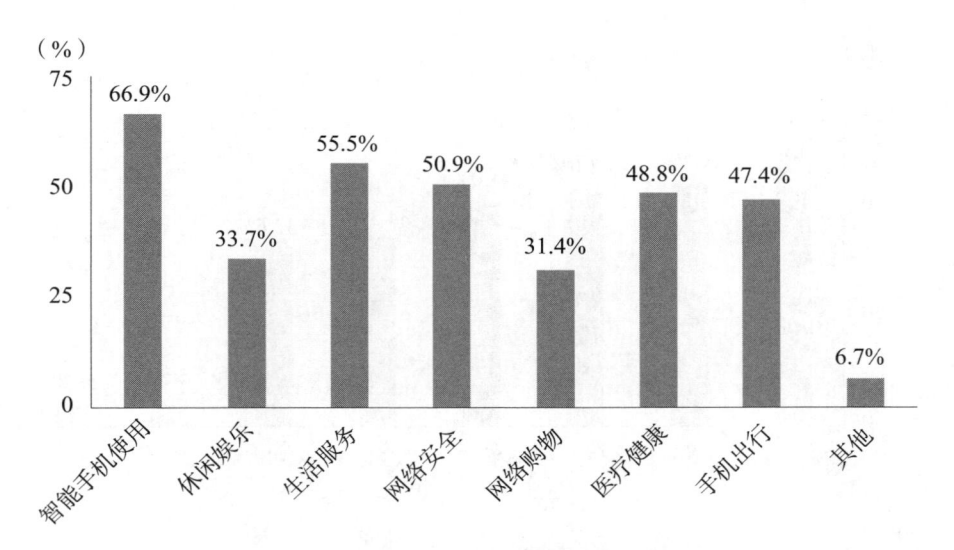

图 1-15　老年人想学习哪些数字教育培训内容

类别	百分比
智能手机使用	66.9%
休闲娱乐	33.7%
生活服务	55.5%
网络安全	50.9%
网络购物	31.4%
医疗健康	48.8%
手机出行	47.4%
其他	6.7%

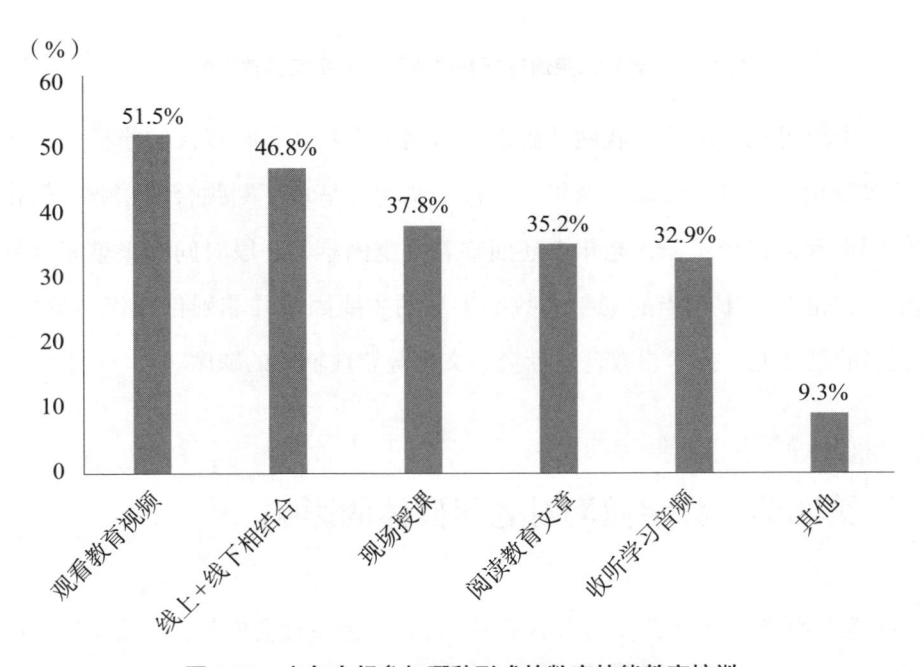

图 1-16　老年人想参加哪种形式的数字技能教育培训

类别	百分比
观看教育视频	51.5%
线上+线下相结合	46.8%
现场授课	37.8%
阅读教育文章	35.2%
收听学习音频	32.9%
其他	9.3%

(%)

- 子女等家人帮助 52.6%
- 老年大学 44.2%
- 自学 43.0%
- 社区课堂 41.0%
- 同辈互助 34.3%
- 社会组织举办的培训活动 32.6%
- 企业机构课程 5.5%
- 其他 5.2%

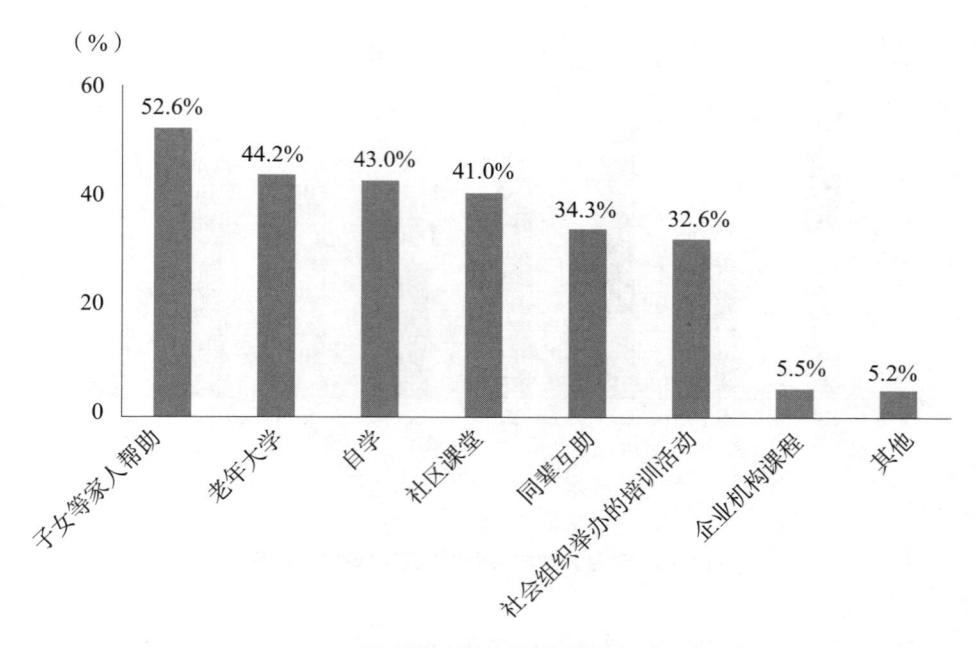

图1-17　老年人想通过哪些渠道获得数字技能教育培训

由此可见，随着互联网基础设施布局的不断完善，以及网络接入设备的普及化，在接入层面，老年人"数字鸿沟"呈现不断弥合的趋势。但在使用沟和知识沟层面，老年人还面临着重重困难，一段时间内很难完全克服。这也看出影响当前老年人数字生活的主要因素并非硬件设施的缺失，更多的是技能、技术、教育、社会、文化等软性辅助的缺席。

第四节　数字鸿沟对老年群体的影响

数字鸿沟对老年群体的影响是多维度的，涉及社会参与、生活质量和身心健康等多个关键领域。随着社会数字化进程加快，信息爆炸、智能科技发展日新月异，老年群体面临着与年轻一代不同的挑战，银发数字鸿沟已经成为一个不容忽视的社会议题，特别是对老年群体而言，其影响既深远又错综复杂。

一、显著降低了老年群体的生活品质

随着科技的高速发展，众多公共服务和商业活动已迁移至线上平台，涵盖金融、购物、医疗预约以及智能家居等领域。然而，由于数字技能的匮乏以及对数字技术的陌生感，老年人在操作数字设备、获取信息、进行在线交易等方面常常遇到困难，在就医、出行、娱乐等基本生活需求上难以得到满足，进而导致生活品质的下滑。这样一来，削弱了老年人在社会活动中的参与度，使他们逐渐被边缘化，一定程度上影响了他们的自尊和独立性，使他们难以充分体验数字科技和智能化服务带来的便捷。

二、对老年群体的身心健康产生负面影响

虽然智能手机和网络社交丰富了老年人的生活，成为他们重新融入社会、维系情感和开展社交的重要工具，但在生活中，许多老年人因不熟悉社交媒体、即时通信和视频通话等工具，可能失去了与亲朋好友的联系，感到孤立无援，甚至被社会边缘化。这种社交隔离可能导致老年人出现焦虑、自卑等不良情绪，损害他们的心理健康。同时，远程医疗和数字健康应用程序虽然为老年人提供了更高效的健康管理手段，但数字鸿沟使他们难以及时获取相关信息，无法有效掌握健康知识和疾病预防方法，进而影响他们的身体健康。此外，随着智能手机和互联网的加速渗透，越来越多的老年人"触网"后深陷其中，成为"银发低头族"，浪费了大量时间与精力，生活无规律，不仅损伤了眼睛，也透支了健康，使本就老迈的身体雪上加霜。

三、导致老年群体信息获取不足

随着科技的不断进步，现代生活日益依赖计算机和互联网。相比之下，老年人学习新技术的速度较慢，对电脑和网络的使用不够熟练，难以快速获

取医疗保健、社会福利、社区活动等重要信息。这在他们的日常生活中造成了诸多不便，例如在处理各种事务时无法有效利用网络平台，不得不亲自到场办理，耗费了大量时间和精力。很多"银发族"缺乏筛选和辨识有效信息的能力，相比于年轻人，他们对网络互动激励更敏感和偏爱，极易陷入虚假信息所构建的网络信息场，导致上当受骗，且网络维权困难重重。

四、可能会进一步拉大银发数字鸿沟

在很长一段时间内，数字鸿沟将持续且深刻地影响社会资源的分配和再分配，重塑社会的政治、经济、文化和代际格局，数字技术差距、信息和设备获取方面的差距很可能会引起社会冲突或扩大现有冲突，形成新的结构性不平等问题，并进一步加深老年群体与社会的隔阂。比如，许多老年人因为不会使用预约挂号，难以享受到线上医疗资源的便利。另外，数字化提供了终身学习和个人发展的机会，包括在线课程、电子书和文化活动。那些不能利用这些资源的老年人，在知识和技能上的提升可能会受到限制。

综上所述，数字鸿沟对老年群体的影响是全面而深刻的。他们面临信息获取受限、风险感知迟钝、社会排斥加剧、公共参与受限、自我效能感丧失等多重困境。同时，他们还受老年刻板印象的强化、个体资源禀赋差距的放大、技术可用性差和设计不适老、数字能力不足等因素的叠加影响。我们必须高度重视并采取切实有效的措施加以解决。唯有如此，才能确保老年群体在信息化时代享有公平、公正的生活，推动全社会的和谐共融。

当然，我们也应认识到，数字鸿沟对老年群体的影响并不是绝对的，也绝非不可逾越。研究显示，一些老年人通过积极地学习与应用数字技术，能够有效提升自身的生活质量和身心健康。因此，面对数字鸿沟问题，我们应当关注老年群体的数字需求，采取积极措施帮助他们跨过这道障碍，同时鼓励老年群体主动学习和使用数字技术，以便更好地适应数字化时代的发展，共同推动建设一个包容性的数字环境，让老年人更加自如地融入数字时代。

第二章

长寿时代的文化养老

第一节　老龄社会的文化战略

一、长寿时代与文化养老

长寿，自古就是中国人的美好心愿。随着生活水平的提高和医疗技术的进步，人口出生率、死亡率"双减"，我们正大步迈进长寿时代。根据中国疾控中心慢病中心2023年在国际权威杂志《柳叶刀》子刊上发表的研究，预测到2035年，中国人均预期寿命有望达到81.3岁。同时，中国人口与发展研究中心对中长期人口趋势进行了多情景预测，预计到2050年，我国80岁以上人口将超过1.4亿，百岁及以上的老年人数量将超过50万，90岁以上的老年人口将超过2000万。

党的十九大报告明确指出，我国社会主要矛盾已经转化为人民日益增长的美好生活需要和不平衡不充分的发展之间的矛盾。在逐步完善的养老保障制度和基本建立的养老服务体系的支持下，老年人对精神文化生活的需求逐渐增加。他们不仅需要物质上的照顾，更渴望精神上的满足和自我价值的实现。因此，在老有所养、老有所医的"物质养老"的基础上，着力打造更高层次的"文化养老"由此被提上议事日程。

"文化养老"作为一种生活方式，融合了传统文化与当代人文关怀，不仅是老年人对美好生活向往的体现，更是一种积极向上的养老理念和实践。

这种养老方式的核心在于满足老年人的精神文化需求，超越了基础的物质生活保障，致力于提升老年人的生活质量，让晚年生活更加丰富多彩。在新时代背景下，构建一个兼顾老年人心理需求、大众习惯及期望的文化养老体系，已经成为社会亟待解决的重要议题。特别是在全面建成小康社会的新征程中，文化养老作为应对养老问题的重要思路，不仅体现了我国积极应对人口老龄化的国家策略，而且凸显了传承与弘扬中华优秀传统文化在解决养老问题中的独特价值。

二、文化养老的现实意义

探讨长寿时代的文化养老问题，不仅具有重要的理论价值，也有着深远的现实意义。

（一）文化养老有利于提升老年人的生活质量

随着基本物质生活保障的逐步完善，老年人开始有更多的精神文化需求，而文化养老能够满足老年人的文化需求。在心理层面，积极参与社会文化活动有助于老年人建立积极的自我认同，让其感到人生更有价值、生活更有意义，从而从物质到精神层面全面提升老年人的生活质量。

（二）文化养老有利于老年人融入社会

退休后，老年人的社会联系逐渐减少，积极参与社会文化活动，如参加社区活动、志愿服务等，能使他们保持与社会的联系，有利于发挥他们的经验技能优势，建立积极的自我认同，提升自身的社会价值感，从而帮助老年人度过有价值、有意义的晚年生活。与此同时，老年人参加社会文化活动，是创新老龄社会治理的重要组成部分，有利于老龄社会的和谐稳定发展。

（三）文化养老有利于促进老龄文化产业发展

在数字化背景下，随着老年人对精神文化生活品质的追求日益增长，他们的需求呈现出个性化和多元化的特征。他们更愿意参与具有丰富内涵的文化活动，购买高品质的文化产品，并享受定制化的文化服务。因此，老龄文化产业的发展潜力巨大，不容忽视。为此，我们应积极探索包括文化养老、旅游养老、智慧养老、生态养老等新业态和新模式，为老年人提供更加多元和专业的服务。这不仅将满足老年人的精神文化需求，还将有力推动老龄文化产业的繁荣发展。

（四）文化养老有利于应对老龄化社会挑战

当前，我国正以惊人的速度"变老"，面临劳动力人口年龄结构、劳动生产率与技术革新、社会分配与产业结构等方面的影响。为此，《中华人民共和国国民经济和社会发展第十四个五年规划和2035年远景目标纲要》建议将积极应对人口老龄化上升为国家战略，提出发展银发经济，推动养老事业和养老产业协同发展，而文化养老是其中的重要组成部分。通过文化养老，老年人能以积极的心态融入社会，享受生活，这不仅对个体有益，更对整个社会的和谐发展产生积极影响。

总的来说，在长寿时代背景下，文化养老问题不仅能够提升老年人的生活质量，有利于老年人融入社会，还能够促进老龄文化产业的发展，是积极应对人口老龄化的有效方案。

延伸阅读

国家出台的关于文化养老的政策文件

我国进入人口老龄化社会以来，党和政府高度重视老年人的文化生活，发布了一系列发展老年人文化教育事业的重要文件。

跨越数字鸿沟：老年融合出版的机遇与策略 >>>>

　　1999年8月，文化部发布《关于加强老年文化工作的意见》，提出要切实做好老年文化工作，丰富老年人的精神文化生活。2004年，文化部、国家文物局下发通知要求各级文化场所对老年人实行优惠，以方便老年人参加各种公共文化活动。2010年，国务院常务会议审议通过的《国家中长期教育改革和发展规划纲要（2010—2020年）》提出重视老年教育，把老年教育纳入继续教育和终身教育体系。2012年9月，全国老龄办等16个成员单位联合印发的《关于进一步加强老年文化建设的意见》，明确了加强老年文化建设的指导思想、目标任务、基本原则、主要内容和保障措施，是推动我国老年文化大发展、大繁荣的重大举措。2015年1月，中共中央办公厅、国务院办公厅印发《关于加快构建现代公共文化服务体系的意见》，明确提出要将老年人等特殊群体作为公共文化服务的重点对象，保障其基本文化权益。2016年10月，国务院办公厅印发了我国第一部老年教育专项规划《老年教育发展规划（2016—2020年）》，明确提出了我国老年教育的总体要求、主要任务和推进计划。2020年，《文化和旅游部办公厅、国家文物局办公室关于落实〈关于切实解决老年人运用智能技术困难的实施方案〉的通知》发布，指出通过组织智能技术培训、推广线上服务等方式，提高运用智能技术的能力和水平，不断化解老年人面临的"数字鸿沟"难题。党的十九届五中全会明确指出，"十四五"时期经济社会发展要以推动高质量发展为主题，并对文化发展作出一系列重大安排和部署，强调要繁荣发展文化事业和文化产业，提高国家文化软实力，提升公共文化服务水平。2021年3月，《文化和旅游部 发展改革委 财政部关于推动公共文化服务高质量发展的意见》印发，明确提出提供更多适合老年人的文化产品和服务，让老年人享有更优质的晚年文化生活。2021年6月，文化和旅游部发布的《"十四五"公共文化服务体系建设规划》强调，积极适应老龄化发展趋势，让更多老人享有更优质的晚年文化生活，面向老年群体开展数字技能和文化艺术培训，切实解决老年群体运用智能技术困难等问题。2023年10月，习近平总书记在全国宣传思想文化工作会议上作出重要指示，对宣传思想文化工作提出"七个着力"重大要求，其中要着力推动文化事业和文化产业繁荣发展。2024年1月15日，《国务院办公厅关于发展银发经济增进老年人福祉的意见》（以下简称《意见》）发布。这是我国首个以"银发经济"命名的政策文件。《意见》内容涉及行、文娱、医、食、住、购物、老年用品等各方面。其中在文娱中提出，鼓励编辑出版适合老年人的大字本图书；发展面向老年人的文学、广播、影视、音乐、短视频等内容行业，支持老年文化团体和演出队伍交流展示。与此同时，历次中国老龄事业发展规划都对丰富老年人精神文化生活、提高老年人精神生活质量作出了明确的规定。其中《"十四五"国家老龄事业发展和养老服务体系规划》提出"为老服务多业态创新融合发展"，要求老年人教育培训、文化旅游、健身休闲、金融支持等服务不断丰富。这些政策不仅关注老年人的物质生活保障，更注重其精神文化需求的满足，从而确保老年人能够享有更幸福、更有尊严的晚年生活。

（资料来源：作者综合整理）

第二节　文化养老的理论基础

一、文化养老的概念和特点

（一）文化养老的概念

文化是指在人类社会中具有一定历史延续性和群体特征的行为习惯，是人们长期创造形成的产物。文化无所不在，只要有人的地方就有文化。

文化有广义和狭义之称。从广义上讲，文化指的是人类所创造的物质的和精神的所有成果，涵盖了价值观念、道德规范、社会习俗、知识体系、娱乐方式以及物质文化等多个方面。狭义的文化是基于经济基础之上的意识形态总体，主要聚焦于知识、娱乐等领域，深植于价值观念、道德规范和社会习俗等思想元素之中。文化又可分为三个等级：一是表层文化，又称物质文化，即围绕衣食住行所体现的去取好恶；二是中层文化，又称制度文化，即借助物质来体现底层的文化，包括风俗、礼仪、制度、法律、宗教、艺术等；三是底层文化，又称哲学文化，就是个体和群体的伦理观、世界观、人生观、审美观等。[1]总的来说，文化属于一种观念形态，会对人的精神世界和社会发展产生深远的影响。它不仅能够提升人们的认知水平，形成紧密相连的精神纽带；还能够凝聚人心，通过共同参与文化活动来消除困境，为生活赋予意义、价值。此外，文化还代表着一个国家的软实力，决定着群众的精神风貌和价值追求。

文化养老是"文化+养老"的有机结合，是注重人文关怀和精神慰藉的养老模式。它以老年人的物质生活需求基本得到保障为前提，以满足精神需求为基础，以沟通情感、交流思想、强健体魄、调养心态为基本内容，以突出个性、崇尚自由、愉悦精神、强身健体、延年益寿为目的，以期达到"老有所学、老有所为、老有所乐"的理想境界。

文化养老融合了传统文化的精髓和当代社会的人文关怀。中国文化讲求道义为先，文化的价值不仅是工具性的，更是道德性的。传统养老的精髓主要体现在对老年人智慧和经验的尊重，以及对传统价值观和习俗的传承。这包括对家庭和社会的责任感，对节日和仪式的庆祝，以及对艺术、手工艺和历史的欣赏。这些元素为老年人提供了一种熟悉的文化环境，使他们感到被尊重和个人价值被认可。随着生活水平的提高，不管是城市还是农村，大部分老年人已经吃穿不愁。因此，当下迫在眉睫的是缓解老年

---

[1] 韩俊江，郭晖艳，林晓宁. 人口老龄化背景下吉林省社会养老服务体系创新研究［M］. 长春：吉林人民出版社，2013.

人,尤其是"空巢老人"的"情感饥渴",注重老年人全面发展,给老年人"精神赡养"。因此,当代社会的人文关怀体现在对老年人现代生活需求的满足,强调老年人的主体地位和个性化需求,不仅关注老年人的基本生活保障,更注重满足老年人对知识、艺术、娱乐等方面的渴望。这种关怀反映了当代社会对老年人福祉的重视,以实现他们的自我价值和生命意义。

(二)文化养老的特点

文化养老具有广泛性、群体性、自发性、互动性和共享性等特点。这些特点共同构成了文化养老独特的魅力和价值,使其成为现代社会中一种重要的养老方式。

广泛性体现在文化养老覆盖的人群和活动类型上。文化养老覆盖了不同背景、不同需求和不同兴趣的老年人,使每个人都能找到适合自己的文化养老方式。文化养老涵盖了各种类型的文化活动,如休闲娱乐、体育锻炼、旅游康养、学习教育、文艺创作等,为老年人提供了丰富多元的选择。

群体性是指文化养老往往涉及老年人与他人的共同参与。这有助于老年人建立社交网络,增强归属感和友谊,减少孤独感。通过集体活动,老年人可以与他人共享经验、共同学习和娱乐,从而增强彼此之间的联系。

自发性强调老年人在文化养老中的主动性和自主性。他们可以根据自己的兴趣和爱好参与活动,而不是被动地接受别人安排的养老方式。这种自主参与有助于老年人保持独立性和自尊,也能更好地满足他们的个性化需求。

互动性意味着文化养老活动中存在着丰富的互动和交流。老年人不仅可以与同龄人交流,还可以与不同年龄段的人进行互动,这有助于跨代沟通和知识传递。

共享性是指文化养老的成果和乐趣可以被所有参与者共享。无论是参加一场音乐会、一个艺术展览,还是参与一项社区文化项目,老年人都可以与他人分享自己的体验和快乐。这种共享不仅提升了个人的幸福指数,也促进了社会的和谐与团结。

二、文化养老的相关理论

（一）角色理论

角色理论（Role Theory）是社会心理学领域的一个重要理论，主要研究个体在社会中所扮演的角色如何影响其态度和行为。这一理论认为，每个人一生中都在社会中扮演着多种角色。这些角色不仅塑造了个体的自我认知，也决定了他们所获得的社会地位和回报。角色理论主要包括角色采择、角色扮演和角色冲突等。角色作为一种个人与社会互动的媒介，既是个体获得社会认同的途径，也是社会对个体赋予期望与责任的载体。人们通过履行不同的角色来满足自身的物质与精神需求，同时随着角色的转换，这种满足感也会相应地变化。

角色理论特别强调老年期与成年期角色的不同。老年期的角色通常是非强制性的，它们不是简单的变换或连续，而是代表了一种不可逆转的角色丧失或中断。这种非强制性的角色转变，更能体现个人的真实意愿，从而有益于改善老年人的心理和精神状态。研究指出，老年人非强制性角色的数量与其精神状态呈正相关关系，即角色丧失越多，参与的活动可能越少。因此，对于老年人来说，适应衰老的关键在于两方面：一是正确认识并接受角色变换的客观必然性；二是积极参与社会活动，寻找并承担新的次级角色。这不仅有助于他们保持积极的生活态度，还能够促进其心理健康和适应社会。

（二）活动理论

活动理论（Activity Theory）起源于伊曼努尔·康德（Immanuel Kant）与格奥尔格·威廉·弗里德里希·黑格尔（Georg Wilhelm Friedrich Hegel）的古典哲学思想，后经卡尔·海因里希·马克思（Karl Heinrich Marx）的辩证唯物主义思想得到深化，最终由芝加哥大学心理学家罗伯特·J. 赫威斯特（Robert J. Havighurst）、苏联心理学家亚历山大·鲁利亚（Alexander Luria）和阿列克谢·列昂捷夫（Alexei Leontyev）等人搭建成一套完整的心理学理论框架。这一理论后由约里奥·恩格斯托姆（Yrjo Engestrom）等学者进一步扩展和深化。活动理论强调个体与其社会文化环境之间的相互作用，认为人的行为和心理状态是在社会文化活动中形成的。其核心观点在于："人类的创造性调节过程在活动中处于优先地位，这种调节过程是指人类通过运用文化产物、概念和活动来调节物质世界及彼此之间的社会与思维活动。"

根据活动理论，个体的幸福感和社会地位与其参与社会活动的程度密切相关。因此，老年人应该积极参与社会生活，如志愿服务、文化活动、教育培训等，这有助于他们保持活跃的社会生活，保持身心健康，增强归属感和自我价值感。活动理论还强调文化工具（如语言、符号、技术等）在个体与环境互动中的中介作用。在文化养老语境中，这些工具可以是书籍、艺术作品、互联网平台等，它们帮助老年人获取信息、表达自我、与他人交流，从而丰富他们的精神生活。此外，活动理论倡导老年人应积极参与社会。只有参与社会，老年人才能重新认识自我，保持生命的活力。文化养老提供了一系列适应性活动，帮助老年人找到新的兴趣和目标，从而顺利度过老年生活。在文化养老中，集体性的文化活动（如同龄人聚会、社区活动等）不仅提供了社交的机会，也促进了老年人之间相互学习和成长。

（三）休闲理论

大众休闲被定义为人们日常生活之余所进行的娱乐活动。现代休闲学的研究始于1899年，以索尔斯坦·凡勃伦（Thorstein Veblen）出版《有闲阶级论》（*The Theory of the Leisure Class*）为标志。在该书中，索尔斯坦·凡勃伦描绘了19世纪末期富裕的"有闲阶级"的休闲社会生活，并深入分析了闲暇时间、休闲与消费、权力等之间的关系。他认为，休闲社会生活不仅是上层社会用以展示其与众不同的生活方式的标志，更是一种深刻的社会制度。此后，社会学家罗伯特·斯特宾斯（Robert Stebbins）根据人们参与休闲活动时的投入程度，将其分为随兴休闲、主题计划休闲和深度休闲三种类型。1992年，王雅林等人主编的《闲暇社会学》一书，标志着我国休闲学研究的开端。

休闲理论（Leisure Theory）强调，休闲活动与人们所拥有的休闲时间密切相关。休闲时间是指扣除睡眠、学习、工作、家务等必要时间之外，个人自由支配的时间。人生各阶段的休闲时间长度主要受工作和家务时间的影响。相较于青少年和中年人，老年人通常拥有更多休闲时间，这为他们参与各类休闲活动提供了可能。对老年人而言，休闲活动不仅有助于他们将生活焦点从职场竞争转移到更为温馨的人际交往中，从而促进身心健康，还能在退休后为他们提供新的生活目标和意义，助力其实现个人价值。

（四）终身教育理论

终身教育理论（Lifelong Education Theory）产生于20世纪20年代，60年代时发展为一种国际性教育思潮。20世纪70年代，联合国提出终身教育和建立学习型社会的概念。我国1993年发布的《中国教育改革和发展纲要》首次提出"终身教育"概念，1995年颁布的《中华人民共和国教育法》把终身教育制度确定为我国教育的基本制度之一。

终身教育理论提倡学习应贯穿个体一生，其核心观点在于，教育应该适应个体在不同生命阶段的需要，为每个人的全面发展提供支持。这意味着，无论一个人的年纪多大，都应该有机会获取新的知识和技能，以适应社会的变化，实现个人的潜能。该理论强调教育不仅仅是学校教育阶段的任务，更是一个持续的、终身的过程，它包含正规教育、非正规教育和非正式教育等多个方面。终身教育还强调个人主动性的重要性，认为个人应该积极参与学习，根据自己的兴趣和职业目标选择学习内容。同时，它也提倡社会各部门（包括政府、教育机构、企业和社会团体）的合作，共同为个人提供学习的机会和支持。这一理念对于老年教育具有重要意义。它强调老年人应有机会继续学习和发展，以适应社会变化，丰富个人生活，实现自我价值。

（五）生命历程理论

生命历程理论（Life Course Theory）由心理学家和社会学家格伦·H.埃尔德（Glen H. Elder）在他的经典著作《大萧条的孩子们》中提出，是国际上正在兴起的一种跨学科理论。该理论侧重于研究剧烈的社会变迁对个人生活与发展的显著影响，将个体的生命历程看作更大的社会力量和社会结构的产物。其核心思想是，一个人从出生到死亡，所经历的事件和所扮演的角色，都是由社会建构的。因此，人的一生既是一个生物过程，更是一个具有社会意义的发展过程。在此过程中，社会机制与个体特性相互作用，使不同个体的生命轨迹呈现出多样性。

中国社会近百年来经历了翻天覆地的变化，这导致每一代人的生活体验都不尽相同，尤其是在老年群体中差异显著。不同年龄段的老年人有着截然不同的人生经历、价值观念和财富积累情况。例如，目前的高龄老年人曾经历过较长时间的社会动荡和物质匮乏年代，普遍养成了较为节俭的生活习惯和保守的消费观念，他们在文化生活上的消费观念相对保守谨慎。相较之下，中低龄老年人有着不同的人生经历。特别是出生于20世纪50年代的"新老年"群体以及开始进入老年的"60后"，他们在青壮年时期见证了国家经济的飞速发展和生活水平的显著提升。这部分老年人的收入水平相对较高，消费观念更为开放，对精神文化生活的需求也相对较高。这种代际差异，无疑为老年教育和文化养老提供了多样化的需求和挑战。

第三节 我国文化养老发展现状

一、我国文化养老的特点

随着人口老龄化的加剧和老年人文化需求的日益增长，政府及社会各界对文化养老的重视程度不断提升。我国的文化养老正处于快速发展阶段，并呈现出多元化发展的趋势。

（一）文化养老观念已深入人心

随着经济社会的发展和人们生活水平的提高，老年人对精神文化生活的需求日益增加。越来越多的老年人不仅关注物质生活的保障，更追求精神文化的满足。文化养老作为一种全新的养老方式，逐步被越来越多老年人及其家庭接受。调查发现，文化养老能够体现传统文化与当代人文关怀，帮助老年人在养老社区环境中获得新的认同感，并且对失智老人和普通老人都有积极作用。

（二）政府支持力度加大

中国政府高度重视养老服务体系的建设，国家和地方政府纷纷出台相关政策文件，鼓励和支持文化养老的发展。在政策的推动下，越来越多的城市和社区建设老年活动中心、老年大学、图书馆、博物馆等文化场所，提供老年教育和文化活动支持等，为文化养老创造了良好的外部环境。

（三）内容形式丰富多样

文化养老服务供给逐渐多元化，从传统的书画、音乐、舞蹈、棋牌到现代的数码产品学习、远程教育，以及旅居、健身、戏剧、摄影等休闲活动，不断满足老年人的个性化需求。同时，一些高科技手段（如互联网、智能设备）也被应用于文化养老服务中，方便老年人获取信息和参与线上活动。

（四）社会参与多元化

社会各界对文化养老的关注度不断提高，非政府组织、企业、志愿者等多方力量参与文化养老服务中，通过举办各种活动，丰富老年人的精神文化生活。2020年，中国老龄事业发展基金会发起了"文化养老公益行动"，旨在通过老年教育培训、文化艺术、健康养生、休闲娱乐等多个领域为老年人提供综合性服务，以解决他们的孤独、寂寞等心理问题，社会反响热烈。

二、当前文化养老存在的问题

尽管文化养老的概念在我国逐渐被接受，在实践中取得了一定的进展，但在发展过程中仍面临诸多挑战。

（一）资源分布不均

虽然文化养老在全国范围内得到了推广，但由于地区经济发展不平衡，在不同地区之间，尤其是城乡之间，文化养老资源的分布仍然不均衡。城市老年人相比农村老年人更容易享受到丰富的文化养老资源，一些偏远地区和农村地区的文化养老服务仍然较为缺乏。

（二）服务质量参差不齐

市场上针对老年人的文化产品和服务质量参差不齐，缺乏统一标准和有效监管，导致老年人在选择时面临困难，也难以保证其文化生活的体验质量。比如，部分老年活动中心和老年大学的服务水平参差不齐，缺乏专业的师资和管理人员。此外，文化养老服务机制建设较为浮于表面，覆盖面及创新性不足。

（三）老年人参与度不高

虽然文化养老的观念已被较多人接受，但实际参与的老年人比例仍有限，特别是低龄老年人的参与度不高，很多老年人尚未形成持续参与文化活动的习惯。一些老年人受健康状况、经济条件、信息获取能力等因素的限制，不了解周边的文化养老资源和服务。这限制了他们参与文化活动的积极性。在经济方面，尽管有些文化活动是免费的，但不少高质量、有深度的文化体验活动仍需要付费，这对收入有限的老年人来说是不小的经济负担。

（四）银发数字鸿沟显著

在数字化浪潮中，文化养老面临的数字鸿沟问题越发凸显。老年人因技术隔阂，常在数字文化的海洋中迷失方向。智能手机、平板电脑等现代工具虽已成为文化娱乐的新宠，但对不少老年人而言，它们如同陌生世界的密码锁，难解其谜。信息的不对称使老年群体在文化盛宴中往往缺席。他们未能及时捕捉到最新的信息。社交的断层更是让老年人在数字时代孤独感倍增。

综上所述，我国文化养老的现状既有积极的发展趋势，又面临着不少挑战。应对这些挑战，需要政府、社会以及老年人自身共同努力，推动文化养老服务的提质增效，真正实现老有所学、老有所乐。

第四节　提升文化养老水平的政策建议

文化养老不仅是一种积极的生活方式，更是一种高效的养老模式。借助各类文化活动，老年人能够重新规划自己的生活节奏和活动空间，同时建立有意义的社会联系，为身心找到安顿之所。在这一过程中，老年人的精神世界得到升华，自我价值得以实现，生活意义得以显现。基于这一目标，针对目前存在的主要问题，我们提出以下政策建议。

一、政府赋权：为文化养老保驾护航

（一）强化顶层设计，培育老龄文化产业

通过制定优惠政策和提供财政补贴，加大对文化养老的政策扶持和资金投入，鼓励社会各界（包括企业、非营利组织、志愿者团体等）参与文化养老事业，共同推动文化养老服务的发展。

（二）整合资源，构建文化服务平台

加强数据治理，打破行业部门壁垒，统筹打造"一站式"文化养老服务平台。这不仅可以促进老年文化服务设施的建设和优化，还能确保老年人能够便捷地接触到高质量的文化资源。

（三）优化公共设施，加大基础设施建设

改善公共场所的无障碍设施，确保老年人能够方便地使用图书馆、博物馆、公园等文化场所，并提供适合老年人的休闲娱乐设施，如舒适的休息区、阅读角等。加强区县图书馆和文化馆、乡镇综合文化站、村居文化室等基层公共文化设施建设，调整资源配置，为老年人创建就近、就便和可及性高的文化服务。

（四）坚持"以人为本"，推广数字包容

尊重和保障包括老年群体在内的所有人群的基本需求与发展需要，一方面鼓励老年人积极使用数字技术，并对老年人的学习和融入过程多一些

耐心与包容；另一方面尊重老年人使用传统技术的权利，保留并完善非数字公共配套服务，创造更具人文关怀、更趋公平性的多元社会、包容社会。

二、社会赋能：多元主体共建支持系统

（一）加大技术赋能，提升文化养老的适老性

企业和机构应加大文化产品的供给，创新服务模式，为老年人提供丰富多样的文化活动和产品。这包括开发适合老年人的文化娱乐项目、提供定制化的旅游服务，以及设计易于老年人操作的智能设备和应用，满足他们在数字时代的特殊需求。

（二）加强社区支持，打造文化养老生态圈

加强社区中心的作用，组织多样化的文化活动，如音乐会、戏剧表演、读书俱乐部、手工艺工作坊等，提供一系列针对老年人的服务和活动，包括健康咨询、法律援助、心理支持等，让老年人有机会参与丰富多彩的文化活动，满足他们的审美和社交需求。

（三）加强教育培训，提升老年人的文化素养

根据老年人的兴趣和爱好开设定制化课程，增加优质教育资源的供给，开设实用的实践技能培训，例如智能手机使用、网络安全知识、健康管理等，使学习成果直接应用于生活。鼓励老年人之间的互助学习，特别是让擅长某项技能的老年人教授其他同龄人，以增强学习的互动性和乐趣。

（四）加强代际反哺，体现伦理关怀

家庭是老年人生活世界的中心，也是提供情感支持的第一环境。家庭

成员应鼓励老年人参与文化活动，为他们提供必要的物质和精神支持。同时，家庭成员也应更多地参与老年人的文化生活，如共同参与家庭聚会、旅行、庆祝节日等，这样可以增进家庭关系，让老年人感受到家庭的温暖和支持。

三、自我增能：加强学习，积极参与社会

老年人自身也应保持积极的学习态度，树立和践行积极老龄观，主动适应社会发展和文化变迁，以实现健康、快乐和有尊严的晚年生活。

（一）保持乐观积极的心态

老年人应相信自己仍能为社会做出贡献，并享受生活的乐趣。保持好奇心和求知欲也是必不可少的，这可以通过培养新的兴趣爱好（如绘画、音乐、手工等）实现，不仅能保持大脑的活力和创造力，还能通过阅读、上课、讲座等方式进行终身学习，以保持思维敏捷和知识更新。

（二）普及终身学习的理念

老年人要积极地参与文化养老的学习和应用。通过参加各类教育和培训课程，利用现代技术手段获取信息、学习技能，包括数字技术应用、艺术创作、健康管理等，老年人不仅可以提升自己的文化素养，还能增强社会参与感，从而在精神和心理层面增强自信心与独立性。

（三）服务社会，实现自我

老年人参加文化志愿活动已经成为潮流。他们不仅在传统的文化教育领域继续做出贡献，一些老年人还利用互联网从事专业咨询、技术推广等志愿活动，利用自己多年积累的经验继续服务社会，从而获得更高的社会评价，并加强自我肯定。

综上所述，通过政府的扶持、市场的供给、家庭的支持和老年人自身的努力，文化养老能够为老年人的晚年生活增添色彩，提高其生活质量，实现老有所学、老有所乐，让老年生活更加丰富多彩和有意义。

第三章

老年融合出版相关理论

第一节　老年出版的含义和特点

一、老年出版的含义

出版是通过编辑、复制作品并向公众发行，实现传播科学文化、信息和进行思想交流的一种社会活动。老年出版，顾名思义，是指以 60 岁及以上的老年群体为受众对象进行的出版传播活动。老年出版涵盖健康养生、传统文化、休闲娱乐及社会动态等内容，旨在满足他们在阅读和学习过程中的特殊需求。随着出版行业向更专业化、精细化的方向发展，老年出版已逐渐从成人出版中独立出来，成为一个专门的出版板块。

2020 年，国家统计局发布的《养老产业统计分类》，将我国的养老产业范围和服务内容进行了明确的划分。其中，特别设立了"养老传媒服务"这一类别，其范围涵盖养老健康、文化、娱乐、社会参与等相关活动的新闻采访、编辑和发布服务，同时也包含制作和发布老年人喜闻乐见的图书、报刊及影视剧、戏剧、广播剧等优秀的老年文艺作品。此外，数字广播、电视、电脑、手机、社区宣传展板等提供的养老信息服务和出版服务也包含在内。这一分类将传统的纸质媒体出版与新兴数字媒体出版合二为一，旨在顺应时代变化，发挥新老媒介聚合之力，发展老年文化。

随着人口老龄化和老年人文化需求的不断增长，老年出版市场逐渐成为一个不可忽视的领域。越来越多的出版机构开始关注老年出版市场，推出了一系列适合老年人的读物。这些出版物不仅丰富了老年人的精神文化生活，也为他们提供了更多交流和学习的机会。

未来，随着技术的不断进步和出版业的创新发展，老年出版将迎来更加广阔的发展空间。通过引入数字化阅读和多媒体交互等新技术手段，我们可以为老年人提供更加便捷、个性化的阅读体验。同时，我们也需要继续深入研究老年人的阅读需求和阅读习惯，不断推出更多符合他们需求的优质出版产品。

二、老年出版的特点

相较于其他阅读人群的出版产品，老年出版具有自己的特点，主要体现在以下几方面。

（一）形式多样化

与其他群体出版一样，当前老年出版不仅包括传统的纸质图书，还涵盖电子书、有声读物、视频教程等多种形式，以适应不同老年人的阅读习惯和技术使用能力。

（二）内容适用性

老年出版物要贴近老年人的日常生活，符合他们的阅读习惯和认知特点。常见主题包括健康养生、传统文化、家庭关系、旅游休闲等，与老年人的兴趣、生活经验和实际用途紧密相关。

（三）设计适老化

针对老年人的心理和生理特点，出版物的内容设计要注重易读性，如使用大号字体、图文并茂、清晰的页面布局以及适合老年人阅读节奏的章节划分。

（四）教育与娱乐并重

老年出版物不仅传播了信息，还引导老年人树立积极的老龄观，也强调娱乐性和互动性，以增强老年人的社会参与感，提升其生活质量。

（五）供需不匹配

尽管老年人口基数庞大，老年出版市场潜力巨大，但目前老年出版产品的市场供给相对较少，缺乏既具针对性又种类丰富的阅读材料，导致老年人的阅读需求仍未得到充分满足。

总之，老年出版是一个专注于满足老年人精神文化需求的出版领域。它以其独特的市场定位和贴心的内容设计，不仅丰富了老年人的精神世界，也为出版行业带来了新的增长点。随着社会对老年群体关注的增加，老年出版的未来发展前景广阔，有望成为出版领域的一个重要分支。

第二节 融合出版的概念与发展

一、融合出版的概念

（一）什么是融合出版

2022年初，全国科学技术名词审定委员会正式将"融合出版"纳入编辑与出版学名词术语表中，并将其定义为"将出版业务与新兴技术和管理创新融为一体的新型出版形态"。早在1983年，美国马萨诸塞州理工大学

跨越数字鸿沟：老年融合出版的机遇与策略 〉〉〉〉〉

的伊索尔·索勒·普尔就提出了媒介融合的概念，强调数码技术使原本各自独立的传播形态发生聚合，各种媒介呈现出多功能一体化的趋势。媒介融合提出后，即成为业界和学界的研究热点。随着研究的不断深入，融合出版这一理念不单是技术革新的象征，更是对传统思维方式的突破。它强调的是跨媒体、跨平台的整合与传播，通过将文字、图像、音频、视频等多种媒介形式融会贯通，创造出更为多元和立体的阅读体验。这种全新的出版形态为读者带来丰富多样的阅读选择，也为出版行业带来了新的发展机遇和挑战。

随着信息和网络技术的不断进步，以及传播介质的演变，出版行业正经历一场深刻的变革。一方面，数字化技术和互联网不仅改变了思想的传播和知识的生产，还引领了新的信息消费和阅读习惯。现代读者不再局限于传统纸质书，还可以借助智能手机、平板电脑、电子书阅读器等多样的终端设备来获取内容，打破了时间与空间的限制。另一方面，以智能手机和互联网为代表的新媒体已经转变了版权生态环境，使出版活动不再局限于传统出版社，有声读物、知识服务等新型出版方式层出不穷，电子商务和社区营销主导的新零售业态迅速崛起，数字阅读日益普及，标志着出版业进入了一个融合的新阶段。此外，融合出版也推动了出版业与其他产业的深度融合，例如与教育、媒体、文化旅游等领域的结合，催生出一种全新的产业链条。融合出版正在逐步重塑传统出版业的格局。2021年5月国家新闻出版署印发《关于组织实施出版融合发展工程的通知》，启动实施出版融合发展工程以来，融合出版在实际工作中得到广泛应用，包括跨媒体出版和跨界出版两方面，如纸质图书应用二维码、AR技术等新的技术手段，链接智能终端实现跨媒体传播等出版方式，体现了"泛出版"的趋势。

总体来看，融合出版已经成为出版业的发展方向，它不仅是对传统出版模式的一次升级，更是一种全方位的行业革新，要求出版者在保持内容质量的同时，不断创新并适应不断变化的技术和市场需求。

（二）融合出版的核心

融合出版的核心在于"融"和"合"，其中"融"意味着边界的模糊或跨越，而"合"强调不同元素的组合。这种出版方式不仅融入了经济社会发展的趋势，还通过与新技术、新平台、新理念的深度渗透、融合，拓展了传统出版的边界。这一过程不仅涉及出版产品和服务的创新，还包括对出版产业内部结构和外部环境的深度调整与优化。

在技术层面上，融合出版强调运用5G、大数据、人工智能、区块链等现代信息技术，推动出版业向数字化、网络化、智能化方向发展。这些技术的应用不仅能够提升出版产品的质量和传播效率，还能够促进出版业的商业模式创新。

在内容层面上，融合出版要求出版内容不仅要满足读者的多元化需求，还要通过内容的创新和优化，推动文字、图片、音频、视频等多媒体内容的交叉融合，提高其价值和吸引力。这包括但不限于结构化写作技术、文本结构识别技术等关键技术的支持，以及基于知识图谱的知识服务解决方案等。

在组织层面上，融合出版需要构建一个以用户为中心的价值网络，整合企业内外出版、印刷、发行等业务环节，提高出版产业链的运作效率，实现用户价值、伙伴价值和企业价值的有机体系。这要求出版机构不仅要强化互联网思维，利用互联网、移动通信等新媒体渠道，拓宽出版产品的传播途径，也要坚持人才为本与技术支撑的原则，根据市场需求开发适应不同读者群体的个性化、多样化的出版产品，还要建立线上线下相结合的出版平台，为用户提供更加便捷的阅读和服务体验。

在形态层面上，融合出版意味着出版产品的多样化和个性化，包括平台媒体、分域媒体、专业媒体和个人媒体等不同层面的媒体形态。这种多样化的形态有助于满足不同读者群体的需求，同时也为出版业提供了更广阔的发展空间。

总的来说，融合出版不仅仅是传统出版与数字出版的简单结合，更是一种全新的出版理念和模式，其核心在于通过技术、内容、组织和形态的全面融合，推动出版业的高质量发展。这不仅需要出版机构不断创新和优化其业务模式与技术应用，还需要对出版产业内部结构和外部环境进行深度调整与优化，以适应全媒体时代的发展要求。

二、融合出版与其他相关概念辨析

伴随着数字和网络技术的出现，新的出版方式和业态不断涌现，新的名词和概念也不断出现。在当前的学术领域与出版领域，除了"融合出版"这一概念，还频繁出现如"数字出版""智慧出版""出版融合""媒体融合"等热门概念。这些新概念都与出版的发展和转型有关，并由此引发了广泛的讨论和研究。然而，实际中一些文献混用概念、模糊内涵，从而导致表述含糊、论点混乱的乱象。为了更好地理解融合出版的含义，我们有必要对这些概念的语境和内涵进行厘定，明确它们之间的相互关系与差异，并探讨它们对出版行业的意义与影响。这种明晰化的探索对理论的深化和实践的发展至关重要。

（一）数字出版

数字出版（Digital Publishing），亦称作数字化出版，其概念源于20世纪50年代，主要指利用数字技术将出版物转化为数字格式，包括电子书、在线期刊、数据库以及其他通过互联网或其他电子设备传输的出版产品，以便在互联网上分发与销售。数字出版可从狭义和广义两个层面来理解：狭义上涵盖了电子书、在线期刊、数字报纸等形式；广义上，除了上述三种类型，还涵盖一些新兴形态，如互联网广告、移动出版、在线教育、网络游戏、博客类应用、在线音乐以及多媒体产品等。数字出版的优势在于其强大的搜索功能、快速的更新速度、高度的互动性以及便捷的可访问性。

这不仅能够降低印刷和分销的成本，还能加速作品的市场推广。数字出版伴随着计算机、网络和通信技术的发展进步而兴起并持续深化，其发展经历了桌面出版、电子出版、网络出版、手机出版等多个阶段。

数字出版可被视为传统出版在数字时代的演进和发展，是传统出版业与数字技术融合的产物。它不仅继承了传统出版的内容生产和传播功能，还通过技术手段对其进行了创新和扩展。随着技术的发展，数字出版的宏观调控体系和市场调节体系也在不断升级与完善。2005年7月，第一届中国数字出版博览会在北京召开，数字出版术语开始在国内被广泛采用。2006年，原国家新闻出版总署在《新闻出版业"十一五"发展规划》中明确提出我国"数字出版产业初步形成"，正式拉开了我国数字出版产学研并进的序幕。2010年，原新闻出版总署出台首部数字出版相关政策《新闻出版总署关于加快我国数字出版产业发展的若干意见》，将数字出版定义为"利用数字技术进行内容编辑加工，并通过网络传播数字内容产品的一种新型出版方式"。2011年，原新闻出版总署出台首个数字出版专项规划《数字出版"十二五"时期发展规划》。数字出版自2016年首次被写入国家五年规划纲要，已成为出版业发展的重要趋势。

（二）智慧出版

智慧出版（Intelligent Publishing）也称智能出版，指运用人工智能、算法推介、虚拟技术等科技手段，建立多样性的大数据资源库，进行出版产品数字化展示、数据智能分析以及出版趋势预测，从多维角度智能化管理出版发行、印刷物流、数据加工、数字阅读、数字教育等出版环节，实现出版知识内容互联网化、信息交流互动化、知识服务个性化，进一步全方位深入体现出版的社会属性、文化属性和主观能动性，代表着出版业与最新数字技术（如大数据、人工智能、传感器等）的深度融合。智慧出版是数字出版发展的高级阶段，它不仅仅是技术的应用，更是一种全新的出版模式和理念。其核心在于利用人工智能、大数据、区块链、云计算等智能化技术，对传统出版流程进行重构和优化，以提升知识服务的能力，加速知识成果的传播及应用。这种转型不仅体现在技术层面，还涉及出版内容、出版渠道、管理方式和用户体验等多个方面。

面对数智化浪潮，国家制定了相关政策鼓励、保障、倡导并推动智慧出版。2017年，国务院发布《国务院关于印发新一代人工智能发展规划的通知》，标志着国家层面对人工智能产业的高度重视。随后，各级政府相继推出人工智能产业相关政策，全面加速人工智能产业的发展步伐。2023年4月，中共中央政治局会议指出，要重视通用人工智能发展，营造创新生态，重视防范风险。同年8月15日，国家网信办、国家发展改革委、教育部、科技部、工业和信息化部、公安部、广电总局联合颁布的《生成式人工智能服务管理暂行办法》开始实施，为新闻出版活动中人工智能的应用提供了规范框架。在实践层面，我国出版机构早已展开积极探索。2014年，社会科学文献出版社率先推出智慧出版战略，倡导"智慧七化"理念，引领行业转型。2023年6月，在第十九届中国（深圳）国际文化产业博览交易会上，多家出版机构展出了诸如数字人直播、元宇宙博物馆等创新应用，以及出版产业大脑平台、AIGC（Artificial Intelligence Generated Content，人工智能生成内容）智能书、有声店铺APP等新型业态，展现了我国智慧出版的丰硕成果和无限可能。

（三）融合出版

如前所述，融合出版（Integrated Publishing）通常指的是传统出版与新兴的数字技术和管理创新相结合的过程。它强调的是出版内容的数字化转型和多平台发布，以及由此创造新的内容分发方式和增值机会。此概念中的"出版"是中心词，"融合"是修饰词，它涵盖跨媒体出版和跨界出版两方面，不仅包括纸质书的数字化，还包括跨媒体、跨平台、跨业态的整合创新，如通过二维码、增强现实（AR）技术等新手段链接智能终端实现的跨媒体传播方式，体现了"泛出版"的趋势。

融合出版可以被理解为在数字出版领域之上，传统出版业务与新兴出版技术之间的紧密整合和协同发展。在操作层面，有些出版社建立了专门的融合出版部门，以取代或升级原有的数字出版部门；有些出版机构将数字出版与融合出版的功能进行了整合，以适应出版行业不断变革的需求。这种跨域合作不仅推动了出版内容的创新呈现，也加速了传统出版与现代出版手段的相互渗透，为读者带来了更加丰富多元的阅读体验。

（四）出版融合

出版融合（Publishing Convergence）指的是立足传统出版，借助技术、资源、主体和产业的融合，实现出版内容资源、技术应用、平台终端、商业模式以及整个产业的共享融通，形成一体化的组织结构、传播体系和管理机制。相比融合出版，出版融合更侧重于描述出版行业内部各种资源和功能的整合，如编辑、印刷、发行等环节的相互渗透和优化，其目标是通过整合不同的资源和渠道，提升内容的传播效率和市场竞争力。

2015年3月，新闻出版广电总局和财政部联合印发《新闻出版广电总局 财政部关于推动传统出版和新兴出版融合发展的指导意见》（以下简称《意见》），融合发展开始受到高度重视。《意见》提出，立足传统出版，发挥内容优势，运用先进技术，走向网络空间，切实推动传统出版和新兴出版在内容、渠道、平台、经营、管理等方面深度融合，实现出版内容、技术应用、平台终端、人才队伍的共享融通，形成一体化的组织结构、传播体系和管理机制。2017年，中共中央办公厅、国务院办公厅印发《国家"十三五"时期文化发展改革规划纲要》，指出"优化出版资源和要素，推动传统和新兴出版在内容、技术应用、平台终端等方面共享融通"，推动出版融合发展。

（五）媒介融合

媒介融合（Media Convergence），也称媒体融合，是一个更为广泛的概念。它涉及不同类型媒体（包括出版、广播、电视、电影和网络媒体）之间的融合。这种融合可以表现为内容的共享、平台的整合、技术的交叉应用以及商业模式的创新。美国媒介研究学者安德鲁·纳齐森认为，媒介融合是"印刷的、音频的、视频的、互动性数字媒体组织之间的战略的、操作的、文化的联盟"。媒介融合的核心在于跨媒介的合作和整合，目的是通过多样化的传播渠道和方法，实现不同媒介间的相互交流与一体化整合，进而催生出创新的传播效应和商业运营模式。

21世纪以来，随着技术的进步，媒介融合已成为媒介发展势不可当的趋势，体现在内容、机构、终端等诸多方面。2013年8月，在全国宣传思想工作会议上，习近平总书记提出"要适应社会信息化持续推进的新情况，加快传统媒体和新兴媒体融合发展，充分运用新技术新应用创新媒体传播方式，占领信息传播制高点"。2014年8月，中央全面深化改革领导小组第四次会议审议通过了《关于推动传统媒体和新兴媒体融合发展的指导意见》，强调要遵循新闻传播规律和新兴媒体发展规律，推动传统媒体和新兴媒体融合发展。媒介融合逐步上升到国家战略，因此，2014年也被称作"媒介融合元年"。出版业作为媒介信息生产的重要组成部分，只有顺应媒介融合的趋势，才能健康发展。

综上所述，数字出版、智慧出版、融合出版、出版融合和媒介融合是出版和媒体行业中的几个相关概念，它们虽然在一定程度上有重叠，但各自都有特征和侧重点。数字出版侧重于数字技术在内容制作和分发中的应用，强调的是出版形式；智慧出版侧重于运用最新的数字技术实现内容生产的智能化、个性化和定制化，以数据驱动为核心；融合出版是数字出版与传统出版的结合，强调通过多渠道、多形式的整合呈现内容；出版融合更关注出版行业内的综合性融合，是媒介融合在出版领域的集中体现；媒介融合是指不同类型媒体之间的整合。这些概念共同代表了出版行业在现代化背景下的发展演进，指导着该行业适应数字化、智能化的发展趋势，并推动传统出版向更加多元化、互动化和智能化的方向转型。

三、融合出版的发展

融合出版的发展是一个不断创新、不断适应数字化时代需求的过程。它的发展历程可以分为以下几个阶段。

（一）融合出版1.0：初期探索阶段

这一阶段属于传统出版的数字化阶段，主要关注的是如何将传统出版的内容与互联网、移动通信等新兴媒介及数字化技术相结合。其重点在于数字化转换，即将纸质图书、期刊、报纸等出版物转化为数字格式，如电子书和在线阅读平台兴起，使读者能够在线进行传播和阅读。同时，出版机构开始尝试利用互联网和移动设备等新兴技术延长出版价值链，具有了向读者提供纸质版和数字版的能力。但在此阶段，数字网络业务作为传统图书出版业务的附属物而存在，出版机构关注的重点依然是图书市场，纸质书仍然是利润和经营的中心，出版范式主要体现为线上线下融合发展。在这一阶段，融合出版还处于摸索阶段，数字技术作为一种补充手段，与传统出版并行存在，但已经展现出了巨大的潜力和市场前景。

（二）融合出版2.0：技术成熟阶段

随着数字化技术的不断发展和市场需求的变化，融合出版进入了产品形态和服务模式的转型阶段。云技术、人工智能技术的兴起使智慧的概念普及各个领域，垂直细分网站的大规模建设、数字内容资源的大范围集约、智能终端的迅速普及使融合出版产品的范围更加广泛，增强型、交互型的出版产品不断涌现。在这个阶段，出版机构以对内容资源的多元开发为基础，更加注重数字化出版产品的互动性和多媒体性；文化旅游业（如图书馆、博物馆等）成为融合出版产品开发的新领域。图书与影视剧、广播剧、文创产品、动漫等衍生产品同步开发，在内容产出的同时带来丰厚的衍生价值。同时，出版机构开始探索如何利用大数据、人工智能等新兴技术，为读者提供更加精准、个性化的内容推荐和服务。在这一阶段，融合出版已经成为出版业的重要发展方向，逐渐形成规模化的出版效应，传统出版和其他传媒产业的界限逐渐消解，形成了新的产品模式和运作模式。

（三）融合出版3.0：全面融合阶段

在全面融合阶段，融合出版开始实现内容与技术的深度融合，涉及内容生产、传播、营销、服务等多个环节。传统内容产业边界被彻底打破，产业融合、同步整合、融合出版等跨界融合开始形成。出版策划的内容不再是单一的纸质书或电子书，而是纸质书、电子书、音频、视频、VR等多种需求组合的智能形态。人工智能技术和5G的普及带动内容生产与传播渠道的移动化、视频化和直播化。人们在工作、生活中可随时调用所需的知识内容和服务。读者的阅读习惯从纸质书迁移到手机屏幕，消费逐步升级为沉浸式体验和场景模式。内容和用户需求实现高度融合：随时检索、随时呈现、随时在场、随时生产、随时分享。出版机构更加注重与读者的互动和沟通，通过社交媒体、在线社区等渠道，与读者建立更加紧密的联系。同时，出版机构开始探索与其他行业的合作，实现产业链上下游的深度融合，如与教育、文化、旅游等通过跨界合作，以电商业务为基础，以数据和内容为能源，以技术为驱动，形成"数字+"出版、新媒体矩阵和综合性的覆盖全域的知识服务平台。在这一阶段，融合出版已经成为出版业的主要形态，推动了出版业的转型升级和创新发展。

未来，随着技术的不断进步和市场的不断变化，融合出版将继续深化，为读者带来更加丰富多彩的阅读体验。同时，融合出版将形成更加成熟和多元的发展模式，成为推动出版业转型升级的重要力量，为整个行业带来新的发展机遇和挑战。

第三节 老年融合出版的理论基础

一、老年亚文化群理论

老年亚文化群理论（Subculture Theory）最初由美国学者罗斯提出。该理论主要关注老年人作为一个特定群体在社会中的地位、角色和行为特征，指出老年人在文化、能力、行为、价值观和社会性质等方面的变化是他们作为一个独特群体的重要标志，是老年人重新融入社会的最好方式。按照罗斯的观点，只要同一领域成员之间的交往超出和其他领域成员的交往，就会形成一个亚文化群。老年群体正是符合这个特征的一种亚文化群体。在老年出版领域，这一理论可以帮助我们更好地了解老年读者在语言表达和沟通方式、信息获取和传播、社会交往和互动、审美和认知、行为和心理等方面具有的独特的需求和兴趣，从而为他们提供有针对性的阅读产品和服务。

二、知沟理论

1970年，蒂奇诺等人通过实证研究在《大众传播流动和知识差距增长》一文中提出了"知沟理论"（Knowledge Gap Theory）假说。该理论认为，首先社会经济地位高者通常能比社会经济地位低者更快地获得信息，因此，大众媒介传送的信息越多，二者之间的知识鸿沟越有扩大的趋势；其次，一段时间内媒介大量宣传某话题，文化程度高的人比文化程度低的人能够更快吸取该话题的知识；最后，在人人感兴趣的领域，知沟特别容易出现，而在某些基于兴趣的特定领域，知沟出现的可能性较小。知沟理论假说从宏观社会结构出发，提出了社会经济地位对媒体信息认知效果的影响。在知沟形成中，大众媒体扮演了诱因的角色，是促进知沟加深的重要因素。这也说明，如果只是增加传播中的信息量，而没有从根本上解决社会经济结构带来的传播技能和兴趣的差异，不但无法消除知沟，而且会增大知沟。

三、使用与满足理论

使用与满足理论（Uses and Gratifications Theory）起源于20世纪40年代。当时以启蒙、教育和修养为目的的"好节目"听众不多，反而是"格调低俗"的轻喜剧、肥皂剧和猜谜游戏等娱乐节目的收听率高得出奇。这种现象引起了学界的注意，由此学界开始了对受众的媒介接触行为及其背后的心理动机的研究。贝雷尔森在1940年的《读书为我们带来什么》文章中指出，人们对书籍的使用受性别、年龄、学历、职业等因素影响的同时，还受实用动机、休憩动机、夸示动机、逃避动机等普遍性的读书动机的影响。1962年，伊莱休·卡茨提出了使用与满足的基本假设："个体和群体的社会及心理属性决定了他们以何种方式使用大众媒体。"1974年，卡茨在《个人对大众传播的使用》一文中提出了使用与满足理论，即把受众看作有特定需求的个人，将其媒介接触活动看作基于特定的需求动机来使用媒介，从而使这些需求得到满足的过程。并且，他将受众与媒介的接触过程概括为一个"社会因素＋心理因素＋媒介期待→媒介接触→需求满足"的因果连锁过程，提出了使用与满足理论的基本模式。在老年融合出版领域，使用与满足理论具有重要意义，可以为出版机构和内容创造者提供宝贵的用户画像，有助于他们更好地理解老年人的阅读动机和偏好，比如老年人阅读的主要目的在于与亲友交流互动、保持身心健康、管理退休生活等，据此制定更加贴近老年群体的出版策略以提升他们的阅读满意度。

四、ERG 理论

美国耶鲁大学的克雷顿·阿尔德弗在马斯洛提出的需求层次理论的基础上，提出了一种新的人本主义需要理论，即 ERG 理论（Existence, Relatedness and Growth Theory）。阿尔德弗认为，人们存在 3 种核心的需要，即生存（Existence）的需要、相互关系（Relatedness）的需要和成长发展（Growth）的需要。该理论认为，需要就是激发动机的原始驱动力。出版产品的价值在于满足用户成长发展的需求。对老年读者而言，他们的需求可能与其他年龄段的读者有所不同。因此，老年融合出版需要深入了解老年读者的阅读习惯、兴趣爱好和需求特点。随着年龄增长，老年人可能存在视觉和操作障碍，融合出版产品应采用适合老年人的界面设计，比如大字体、高对比度颜色和直观的导航等，从而为他们提供符合其需求的出版产品。

五、媒介融合理论

1979 年，麻省理工学院教授、MIT 媒体实验室创始人尼古拉斯·尼葛洛庞帝首先提出媒介融合理论（Media Convergence Theory）。在他看来，不同的媒介形态"融合"在一起，会产生"质变"。从更加广泛的范围来说，媒介融合是一切媒介及其有关要素的结合、汇聚甚至融合，不仅包括媒介形态的融合，还包括媒介功能、传播手段、所有权、组织结构等要素的融合。这一理论认为，多媒介的融合可以为出版产品的呈现方式带来更多可能性。在老年融合出版中，媒介融合理论的应用主要体现在将文字、图片、音频、视频等多种媒体形式融合在一起，为老年读者提供更加丰富、多样的阅读体验。例如，可以通过插入图表来帮助老年读者更好地理解文本内容，或者通过添加音频和视频来增强出版产品的互动性与趣味性。

六、场景理论

最早提出场景理论（Scenario Theory）的是美国全球科技领域资深记者罗伯特·斯考伯和资深技术专栏作家谢尔·伊斯雷尔。他们在《即将到来的场景时代》一书里预言"未来的25年里互联网将迈入场景时代（Age of Context）"。由此，场景概念进入学术视野并正演化为一种新的理论。罗伯特·斯考伯认为的"场景时代"，就是借助大数据、移动设备、社交媒体、传感器和定位系统，使人们以一种"看得见""记得住""可感知"的方式工作、学习、生活的时代。场景理论强调用户的参与性、社区的重要性和新技术的应用。因此，在老年融合出版中，我们可以增加一些音频、视频、问答、游戏等互动元素设计，建立老年人阅读社区，组织读书会、讲座等阅读活动，利用虚拟现实、人工智能等新技术，以此提升出版产品的吸引力和趣味性。

七、把关人理论

1947年，库尔特·卢因在《群体生活的渠道》一书中首先提出"把关"一词，指出"信息总是沿着含有'门区'的某些渠道流动，信息传播网络中布满了把关人"。该理论认为，把关人（Gatekeeper）即那些在新闻媒介系统中处于决断性位置、对信息进行过滤和加工的人或组织，这种对信息进行加工和过滤的过程就是把关。在老年融合出版中，把关人理论的应用主要体现在对作品内容、质量、版权、数据以及营销效果的把关上。编辑作为把关人的角色依然重要，需要具备跨媒体的思维能力和技术应用能力，比如需要对大量的信息进行筛选和评估，策划出符合市场需求和出版社定位的图书选题；需要对作品的质量和版权进行把关，确保内容的原创性、准确性和合法性；需要利用大数据技术对读者行为进行监测和分析，了解读者的阅读习惯和偏好；需要对营销活动的效果进行把关，确保达到预期的目标。

八、创新扩散理论

创新扩散理论（Innovation Diffusion Theory）是埃弗雷特·罗杰斯在《创新的扩散》一书中提出的，是一个通过媒介劝服人们接受新观念、新事物、新产品的理论，是传播效果研究的经典理论之一。他认为"创新是一种被个人或其他采用单位视为新颖的观念、实践或事物；创新扩散是指一种基本社会过程，在这个过程中，主观感受到的关于某个新事物的信息被传播，而这个过程是由创新、沟通渠道、社会系统和时间这四部分构成的"。创新扩散理论侧重大众传媒对社会和文化的影响，其过程分为认知、说服、决定、实施、确认5个阶段，不同阶段有不同的创新采用者。创新因素具有相容性、相对优势、可试验性、复杂性、可观察性五个特征。越是简单易懂的创新，扩散速度越快，个体越容易观察到一项创新的结果，它们越容易被采用。根据创新扩散理论，老年人作为社会群体中的一部分，在接受新事物时会有不同的接受度。在老年融合出版中，可以通过研究老年人的接受程度，考虑老年人的文化背景和价值观，确保新产品和服务与他们的文化观念相契合，从而提高接受度。

九、媒介依赖理论

媒介依赖理论（Media Dependency Theory）是探讨个体受众与特定媒介之间互动关系的重要学说。这一理论源于桑德拉·鲍尔-洛基奇在1974年发表的影响深远的文章《信息观念》。其后，桑德拉·鲍尔-洛基奇与梅尔文·德弗勒合作，首次引入"媒介依赖"概念，并对其核心理念和基本假设进行了详细阐释。两人合著的《大众传播学诸论》进一步发展和完善了媒介依赖理论，提出"受众—媒介—社会"三者间存在动态的相互依存关系。该理论认为，媒介作为信息的枢纽，通过信息的传递，对个体、团体及更广泛的社会体系产生深远影响，从而形成媒介依赖的生态。在这一过程中，受众对媒体的依赖性成为传播学研究的一个关键议题。媒介依赖理论揭示了媒介如何通过对稀缺信息的控制，向公众提供必要信息，以满足其需求，并推动其实现既定目标。随着新媒体技术的普及，一些学者将媒介依赖症称作一种新兴的社会病理现象，包括对媒介的过度沉迷、偏好，与媒介构建的虚拟社会互动而忽视现实世界的社交，在价值观念和行为决策上过分依赖媒介指导，以及展现出孤独和自闭的社会性格等特征。这些洞见为我们理解媒介在现代社会中的复杂角色提供了宝贵的视角。

十、无障碍传播

"无障碍"一词译自英文的"barrier free"或"accessibility"，意味着能够顺畅无阻地进行各种活动。在人文社会科学领域，"无障碍"主要指信息的无障碍获取，即确保所有人在任何情境下都能平等、便捷地接入并利用信息资源。无障碍传播（Dissemination Without Barriers）理念起源于20世纪50年代由丹麦人卞·麦克逊提出并倡导的"正常化"原则。该原则鼓励身心障碍者尽可能地与非障碍者在同一文化环境中共同生活和接受教育。"无障碍"概念逐渐发展并在实际操作中得到应用，其核心宗旨是为残障人士提供一个安全且平等的生活环境。这一议题因此被纳入传播出版的研究领域和分析框架之中。在传统媒体时代，信息无障碍主要关注于改善报纸、广播、电视等媒体的操作无障碍性（如通过触摸或语音控制的电视遥控器），以及视听信息符号的互换性（如盲文图书、电视手语解说、电影的音频描述等）。如今，移动互联网技术的发展对无障碍视听传播产生了深远影响，盲人导航、社交和娱乐软件中的无障碍功能极大提升了视听障碍者的生活质量。

以上理论为老年融合出版的实践提供了丰富的内容思路和策略指导，有助于出版者更好地了解老年读者的需求特点，提供更加符合其需求的出版产品和服务。同时，这些理论也为出版者提供了创新和发展的思路，有助于推动老年出版市场的不断发展和壮大。

第四节　老年融合出版的属性和意义

一、老年融合出版的属性

老年融合出版作为出版界的新兴力量，不仅体现了科技与文化的深度结合，更展现了出版业对老年群体的细致关怀。它的属性包括多元融合性、技术先进性、人文适老性、社会公益性。

（一）多元融合性

老年融合出版是在老龄化社会背景下响应国家战略、提高文化服务供给的重要举措，具有扎实的基础和有利的条件，包括相关政策支持、供给侧和需求侧的基本条件。它整合了图书、音像、期刊、互联网等媒介的优势，形成新的出版形态，呈现出鲜明的个性化色彩。与此同时，融合出版的发展正逐步迈向平台化，致力于整合各类内容资源，为用户提供个性化的知识体系。通过构建交互系统，不仅能提升知识的习得效果，还能拓展受益途径，从而进一步激发用户的参与热情与积极性。

（二）技术先进性

从技术层面看，老年融合出版充分运用现代科技手段，如大数据分析、人工智能、云计算等，为老年读者提供更为便捷、个性化的阅读体验。例如，通过大数据分析，出版社可以精确了解老年读者的阅读习惯、兴趣偏好，从而为他们量身定制更符合其需求的出版产品。同时，借助人工智能技术，老年融合出版还可以实现语音阅读、智能推荐等功能，不仅提高了老年人获取知识的能力，也满足了他们对高质量精神生活的需求。

（三）人文适老性

老年融合出版注重个性化解读和专业化定位，根据市场细分原则设计不同定位的刊物。这种个性化和专业化的方向有助于更好地满足老年群体的多样化需求。在出版物的内容选择上，老年融合出版倾向于选取与老年人生活、健康、心理、历史等方面紧密相关的主题，提供符合他们阅读习惯和兴趣爱好的内容。此外，老年融合出版除了精美的版式设计、优质的纸张选择，还需要使用易于阅读的字体、设计易于阅读的版面，以及提供方便的阅读工具和功能，如放大、缩小、搜索、书签等，为老年读者带来愉悦的阅读体验，让他们在阅读中感受到温暖与关怀。

（四）社会公益性

老年融合出版不仅是信息传播的工具，也是老年人社会参与和文化传承的重要途径，更承载了深远的社会价值。通过融合出版，老年人可以更积极地参与社会生活，也可以传承和享受文化遗产。这体现了一种对社会责任感和人文关怀的积极回应，其社会属性大于经济属性。老年融合出版旨在为老年人提供"老有所学"的解决方案，丰富他们的教育和生活体验，往往带有公益性质，超越了纯粹的经济利益追求。因此，我们应重视其社会服务的本质，并兼顾经济效益，以实现对老年群体的全面关照和市场的可持续成长。

总之，老年融合出版具有多元融合性、技术先进性、人文适老性和社会公益性等多重属性。它不仅为老年读者提供了更为优质、个性化的阅读体验，也推动了出版业的创新与发展。随着社会老龄化的加剧，老年融合出版将成为出版业的一个重要分支，具有广阔的发展空间和社会价值。

二、老年融合出版的意义

随着社会的快速发展和人口老龄化趋势的不断加剧，老年群体的文化需求逐渐显现，并成为出版领域新的增长热点。老年融合出版不仅能满足老年群体精神文化生活的需求，更是社会文明进步和文化传承的重要标志。在积极应对人口老龄化过程中，老年融合出版扮演着举足轻重的角色。

（一）实现文化养老的有效途径

目前，老年融合出版已成为文化养老的重要组成部分。融合出版的内容涵盖了各个领域的知识。老年人通过阅读可以了解更多的社会动态、历史文化和科学知识，提升自己的文化素养和思维能力，满足自己对文化生活的需求。融合出版能够为老年人提供更加多样化的文化娱乐方式，帮助老年人缓解压力、舒缓情绪，养成健康的生活方式，丰富他们的精神文化生活，为老龄化社会背景下的文化养老提供重要支持。

（二）有利于丰富老年人的精神文化生活

作为一种新兴的出版模式，老年融合出版通过结合传统阅读与数字技术，为老年群体提供了一个多元、便捷的学习和阅读环境。这不仅有助于缩小银发数字鸿沟，还能促进老年人的社会参与和交流，让他们能够更好地适应快速发展的数字社会，增强社会归属感和满足感。此外，老年融合出版还能激发老年人学习新技术的兴趣和动力，满足他们对知识、信息和文化的需求，使他们能够享受到技术进步带来的便利，提高他们的生活质量，同时也为他们的精神文化生活增添了新的活力。

（三）有利于传承和弘扬中华优秀传统文化

老年人作为历史的见证者和参与者，承载着丰富的历史记忆和文化传统。通过老年出版物的传播，这些宝贵的历史文化资源得以传承给年轻一代，让年轻人在阅读中感受到传统文化的深厚底蕴和独特魅力。这不仅有助于推动中华优秀传统文化的传承与发展，还可以增进社会对老年人的了解和尊重，促进代际沟通与智慧传递，有助于消除代际隔阂，促进家庭和睦和社会进步。

（四）有助于推动出版业的创新发展

在技术层面，老年融合出版通过新媒体技术和传统纸质媒体的结合，创新了传播方式，提高了内容的可接触性和吸引力。这对于提升老年媒介的传播效果和品牌效应具有重要作用，能够推动出版业的创新发展，为出版机构带来新的经济增长点。

综上所述，老年融合出版不仅是提供知识和信息的工具，而且在实现文化养老、丰富老年人精神文化生活、传承和弘扬中华优秀传统文化、推动出版业创新发展等方面具有重要意义。我们应该高度重视老年出版事业的发展，为老年人提供更多优质、多样的精神食粮。

第五节　老年融合出版中的研究方法与应用

研究方法构成了人文社会科学研究的架构。它不仅塑造了研究的过程和数据来源，还影响了研究结果的呈现。因此，考察和探讨老年融合研究依赖的主要研究方法，有助于我们理解这一领域的基本形态和学术轮廓，这对于老年融合出版的重要性不言而喻。近年来，老年融合出版吸引了来自多元学术背景的研究者，其探讨的主题广泛而丰富。尽管如此，这一领域在研究方法和理论的应用上却展现出了一定的稳定性与共性。具体而言，老年融合出版的研究分析范式主要分为定量研究和定性研究两大类。

一、定量研究

定量研究也称量化分析、定量分析，偏重通过数字和量表来测量与计算研究对象，以揭示现象的客观事实、变量之间的关系以及因果关系。这种研究方法强调程序的标准化、系统性和操作的合理性，其核心目标是确立变量间的因果联系。在老年融合出版领域，定量研究常运用统计工具和数学建模对数据进行深入分析，旨在透彻理解老年人在阅读动机、阅读习惯、阅读行为、交流互动及阅读消费等方面的行为特征和模式。通过定量研究方法，学者能够从宏观和微观的角度系统地分析与理解老年融合出版的现状及存在的问题，为相关领域的决策制定、媒介设计和服务提供科学依据。以下是一些老年融合出版领域定量研究的常用方法。

（一）问卷调查法

问卷调查法也称抽样调查法，是一种广泛应用的研究工具。通过设计并实施问卷调查，我们可以收集到有关老年人阅读习惯、偏好和态度等方面的信息，所得数据通过统计软件进行分析，可以探索不同变量间的关系，从而深入了解老年融合出版的现象及规律。与其他研究方法相比，问卷调查法的优点主要在于，它能够同时达到描述性与解释性研究的目的，不仅能够描绘总体的趋势和特征，还能阐释变量之间的联系；操作流程标准化，能够提供高可信度的研究结果；可以迅速而高效地获取大量的资料和详细信息，有助于研究者及时把握社会现象的动态变化。问卷调查法的定量特点和用样本推断总体的能力使其适用于广泛的研究领域。尽管问卷调查法是老年融合出版研究中使用最频繁的方法之一，但它存在一些局限性。例如，它在探讨变量之间因果关系方面不如实验法有力。在对个别现象进行深入理解和解释时，它不及实地研究来得透彻。在捕捉研究主题的反应性方面，文献研究法可能更为合适。这些限制提示我们，在进行老年融合出版研究时，问卷调查法应与其他方法相结合，以获得更全面和深入的洞见。

（二）内容分析法

美国学者伯纳德·贝雷尔森在1952年的著作《内容分析：传播研究的一种工具》中将内容分析法定义为"一种对传播内容进行客观、系统和定量的描述的研究方法"。"客观"意味着研究者必须从现存的材料出发，避免主观偏见的影响；"系统"要求研究者按照一个统一的计划，对全部有关材料进行研究，而不能为了证明某个观点专门去搜集有用的材料；"定量"是指使用数量概念，如绝对数、百分比、平均值、相关系数等，以精确地表述分析结果。作为研究人类传播信息内容的社会科学研究方法之一，内容分析法主要用于书面文献和音像影像资料的研究。这些资料包括图书、报刊、广播、电视、网络、歌曲、绘画、政策、信件、法律等。在老年融合出版领域，内容分析法常用于描述出版内容和阅读行为的倾向性或特征，研究出版内容的契合性，从媒介内容推论传播效果等。通过这种方法，研究者能够从大量的文本数据中提取有价值的信息，并对这些信息进行系统的分析和理解。

（三）实验法

在老年融合出版领域，实验法是一种重要的研究方法。它允许研究者在可控的环境中系统地操作变量，以测试特定出版内容对老年人认知、情感和行为反应的影响。其基本逻辑是根据某种理论命题，或者根据经验事实和主观判断，推测两个变量之间的因果联系。应用实验法，可以测试媒介传播效果，例如通过展示不同的出版内容和传播方式，观察老年人对信息的信任度和记忆效果的差异；可以评估交互性技术，如让参与者使用新技术，如虚拟现实（VR）或增强现实（AR），对老年人的吸引力和可用性进行评价；可以进行认知学习与健康传播干预，了解老年人通过媒体学习处理新信息的能力，以及测试针对老年人的健康宣传和教育项目的效果；可以进行用户体验研究，如针对社交平台或智能手机应用等新媒介平台，收集老年读者的直接反馈，以优化产品设计和用户体验；等等。通过上述应用，老年融合出版的实验法能够提供控制条件下的直接因果关系证据，从而为理论建构、实践创新和政策制定提供坚实的科学依据。然而，需要注意的是，实验法虽然内在效度较高，但其结果的外推性有时会受到限制，因此在解释和应用实验结果时需要谨慎。

二、定性研究

定性研究，也称质化分析或定性分析，是一种构建概念框架并运用理论模型进行逻辑推导以得出研究结论的方法。作为一种探索性的研究方法，定性研究依托于研究者的主观能动性，将研究者本身作为主要的研究工具。在自然情境下，定性研究借助各种资料搜集手段对社会现象进行全面而深入的考查，利用归纳法来分析资料和构建理论，并通过与研究对象的互动，对其行为和意义进行解释性的解读。在老年融合出版领域，定性研究方法的应用广泛且多样化，主要包括以下方面。

（一）访谈法

访谈法用于收集、分析和解释人们的意见、经验、态度和行为等信息。在访谈过程中，研究者与受访者进行面对面或电话等交流，通过询问开放性和封闭性问题，引导受访者自由地阐述自己的看法和经验，从而获得深入的信息。根据结构化程度，访谈法可分为结构化访谈、半结构化访谈和非结构化访谈；根据参与者数量，访谈法可分为个别访谈、集体访谈和焦点小组访谈；根据目的和功能，访谈法可分为探索性访谈、解释性访谈和验证性访谈；根据内容深度，访谈法可分为浅层访谈和深度访谈；等等。

（二）民族志

民族志是一种运用观察、访谈以及其他田野研究手段，深入描述某一特定人群及其文化的研究方法。这种研究方式着重捕捉群体的生活动态，细致刻画不同文化背景下的人们如何开展日常生活、相互作用以及为他们的行为诠释意义。民族志方法论基于三个核心原则：首先，它关注所有的文化形式，包括日常生活、宗教和艺术；其次，研究者本身作为研究的主要工具，需融入研究环境进行长期的参与式观察；最后，为确保研究结果的准确性和深度，必须运用多元化的资料搜集手段对观察到的信息进行验证和丰富。

（三）个案研究法

个案研究法是以一个人、一个团体或一个事件为研究对象，广泛搜集各种资料，综合运用各种方法（包括质的方法和量的方法）和分析技术，对复杂情境中的现象进行深入探究的研究方法。个案研究法具有典型性（通常选择具有代表性或特殊性的个体或群体作为研究对象）、深入性（要求对个案进行深入的调查分析及持续观察）、多样性（可采用观察、面谈、文件证据、问卷、图片、影片或录像资料等多种数据收集手段）和系统性（可推导出普遍规律，或对不同案例进行比较）。个案研究法的一般程序包括明确研究目的、选择个案、接近案例及其所在场所的途径、获取有关数据、分析数据、得出研究结论。通过一系列严谨的过程，个案研究法能够对特定现象进行深刻且全面的理解。

此外，定性研究还包括参与观察、文本分析、叙事分析、视觉分析等。这些研究方法使研究者能够从多角度、多层次对老年融合出版进行细致的探讨和分析，进而提供更为丰富和精确的理论见解及实践指导。

第四章
老年融合出版的机遇与挑战

第四章　老年融合出版的机遇与挑战

第一节　老年融合出版的发展基础

新时代背景下，深度融合发展已成为出版行业变革的核心趋势。国家已出台的一系列相关政策为老年出版深度融合奠定了坚实的基础。同时，老年出版的供给侧与需求侧也为其深度融合发展提供了必要的条件。

一、政策支持提供重要保障

顶层设计在推动出版业深度融合，尤其是老年出版领域的深度融合方面扮演着至关重要的角色。中央各部门密切关注出版行业的深度融合进程，同时重视老龄社会发展和文化养老服务建设，出台了一系列相关法律规范和政策指导（见延伸阅读《我国推进老年融合出版的相关政策》）。这些举措为老年融合出版提供了坚实的制度支撑和明确的发展路径。

此外，政府对老年文化产业的发展给予了有力的支持。通过实施税收减免、财政补贴等经济激励措施，激发了市场活力，推动了老年融合出版的创新与发展。例如，2018年，财政部和国家税务总局发布了《关于延续宣传文化增值税优惠政策的通知》，将专为老年人出版发行的报纸和期刊纳入增值税100%先征后退的政策范围。此后，该优惠政策又被延续至2027年12月31日。这一税收减免政策的实施进一步降低了出版机构的生产成本，从而鼓励了老年出版，扩大了老年读物的市场供给。

二、供给侧潜在资源丰富

在技术层面，老年融合出版依托于先进的数字化技术，如电子书、音频书、增强现实等。这些技术的发展极大地丰富了内容的表现形式，为内容的多样化展示提供了强有力的平台。同时，高速且广泛覆盖的互联网连接成为老年融合出版不可或缺的基础设施，确保了内容能够迅速传播并触达目标受众。此外，随着智能手机和平板电脑在老年群体中的广泛普及，移动应用程序已然成为一个重要的内容分发渠道，为老年读者提供了极大的便利。

在内容资源方面，老年出版的供给潜在资源丰富。自2014年起，全国老龄工作委员会办公室联合中国老龄协会、中国出版协会等有关单位，发起了"向全国老年人推荐优秀出版物活动"，截至2023年底已向老年读者推荐了500多种优秀的出版产品。这些高质量的老年出版产品涉及医疗、养生、旅游、教育等多个领域，为老年融合出版提供了丰富的优质内容资源。此外，以华龄出版社、国家开放大学出版传媒集团等为代表的出版单位，凭借多年的深入耕耘和对老年读者市场的精准把握，已在老年读者中建立了知名度和影响力。它们相继推出的老年生活指南、老年常见病防治、老年防诈骗等系列图书，基于对老年人需求的精准洞察与深刻理解，为解决老年人生活的难题和痛点提供了切实可行的方案。

三、需求侧文化需求旺盛

从群体数量来看，民政部、全国老龄办发布的《2023年度国家老龄事业发展公报》显示，我国已于2023年正式迈入了深度老龄化社会（65岁及以上人口占比超过14%）。更进一步，联合国预测，到2034年，我国将进入超级老龄化社会，届时65岁及以上的老年人口比例将超过20%。而且随着经济实力显著提升,老年人文化程度也呈现出了快速增长的态势。这构成了一个近3亿人的庞大消费市场,而且这一市场在较长一段时间内将持续扩大。如此庞大的受众群体将催生旺盛的文化需求,从而形成一个广阔的市场空间。据统计,目前我国中老年教育行业市场规模已经接近180亿元,预计到2050年,老年教育市场规模将超过千亿元人民币。随着老年人口数量持续攀升,互联网和数字技术快速迭代催生便捷的传播工具和丰富的内容载体,老年群体的文化需求日益呈现出多样、多变的特点。他们在智慧养老进程中必然会产生新的需求。这些新兴需求都将成为老年融合出版发展的重要方向。

从生命历程看,退休后老年人步入了人生新阶段。他们拥有更多的个人空间和闲暇时间,从而催生了更加丰富的精神需求。当前,我国新一代老年群体具有较高的文化水平和收入水平,他们的消费观念更为开放,对文化消费品类的需求也在不断拓展。除了传统的保健和养生,他们还对健康科普、文艺作品、文化旅游等精神层面的内容产品展现出了多样化的需求。这些需求不仅为老年融合出版提供了巨大的机遇,也指明了发展的方向。面对多维度的文化需求,老年出版的深度融合拥有了广阔的探索空间和发展潜力。

延伸阅读

我国推进老年融合出版的相关政策

作为国家软实力的重要组成部分,党和国家对老年文化的发展给予极大的关注与支持,多次出台政策文件,致力于确保老年文化服务的充足供应,以满足老年人多样化的文化需求,促进其精神生活的丰富。

2012年10月,中组部等16部门联合发布《关于进一步加强老年文化建设的意见》,提出把老年题材纳入文学艺术创作,引导老年网络文化发展，制作适合互联网和手机等新兴媒体传播的优秀老年文化作品。2015年3月，国家新闻出版广电总局、财政部印发《关于推动传统出版和新兴出版融合发展的指导意见》，明确了传统出版与新兴出版融合发展的实施路径和重点方向，标志着新闻出版业融合发展步入实质性建设的新阶段。2019年8月，科技部等6部门发布《关于促进文化和科技深度融合的指导意见》，指出要集中国家力量"加强文化创作、生产、传播和消费等环节共性关键技术研究"，为出版业融合发展提供重要的科技基础。2020年9月，中共中央办公厅、国务院办公厅印发《关于加快推进媒体深度融合发展的意见》，进一步明确了推进媒体融合的方向与决心，对媒体深度融合发展提出了新的时代要求。2020年11月，国务院办公厅印发《关于切实解决老年人运用智能技术困难的实施方案》，提出要丰富老年人参加文体活动的智能化渠道，引导公共文化体育机构、文体和旅游类企业提供更多适老化智能产品和服务。2021年3月，文化和旅游部、国家发展改革委、财政部三部门联合发布《关于推动公共文化服务高质量发展的意见》，明确提出要积极适应老龄化社会发展趋势，提供更多适合老年人的文化产品和服务。2021年5月，国家新闻出版署印发《关于组织实施出版融合发展工程的通知》，指出关注重点领域，把握关键环节，以出版融合发展工程引领和推动出版深度融合。2021年12月，国务院印发《"十四五"国家老龄事业发展和养老服务体系规划》，提出鼓励编辑出版适合老年人的大字本图书，加强弘扬孝亲敬老美德的艺术作品创作，在广播电视和互联网播放平台增加播出。2021年12月，国家新闻出版署印发《出版业"十四五"时期发展规划》，指出要加强出版公共服务体系建设，深入开展全民阅读活动，丰富老年人等特殊群体的阅读资源供给；明确强调出版业在老年文化供给方面的重要作用，指导出版业在推进深度融合过程中，关注老年出版服务，为老年群体提供更多符合其需求的文化产品。2022年4月，中共中央宣传部印发《关于推动出版深度融合发展的实施意见》，对新时代深入推进出版深度融合发展作出全面安排，标志着包括老年出版在内的出版行业正式进入从传统出版到融合创新，从高速度增长到高质量发展的改革数字创新新阶段。2024年3月，政府工作报告首次提出"深入推进国家文化数字化战略"，提出发展哲学社会科学、新闻出版、广播影视等事业，深化全民阅读活动。

（部分资料来源：谢巍，董嘉楠.老年出版深度融合发展路径研究［J］.中国出版，2023（24）：56-60.）

第二节　老年融合出版的发展现状

近年来，数字革命的洗礼让出版观念和文化发生了很大改变。十年前，纸书之死、纸电孰优孰劣的争论不绝于耳；而今，业界的共识是，融合出版的未来已经超越了简单的载体之争，跨媒体出版正成为新常态。不同出版类型在内容、渠道、平台、经营、管理等方面实现深度渗透和融合，形成新型出版形态，融合出版正成为出版业的方向旨归。其中，老年融合出版也呈现出多元化的发展态势，不再局限于传统的老年纸质图书、报纸、期刊等，而是运用各种新技术，不断创新开发新的融合出版产品，拓宽出版产品的形式和边界。

一、老年图书

随着老年人口的增长及其对文化需求的不断提升，面向老年人的图书种类日益丰富，涵盖了养生保健、疾病防治、心理健康、退休生活规划、传统文化以及数字图书等多个领域。老年图书大多能从老年人接受特征出发，在内容上注重案例化、视觉化和分步骤指导设计，在版式设计上注重运用大字体、大行距等，甚至推出健康大字版、健康护眼版、大字图解版、实例版等。随着科技的飞速发展和阅读方式的变迁，老年图书出版正逐渐向数字化转型，并呈现出多样化趋势。有些出版社开始探索将老年图书内容与移动应用相结合，通过融合图文、音频、视频等多媒体元素，借助介质载体、云空间、二维码等数字技术拓展出版边界，推出了多媒体版、多媒体光盘版、视频教学版、大字视听版、微课版等，满足部分老年人对"动态示范"的需求。

二、老年报纸

在互联网和移动设备的广泛影响下，尽管老年报纸的传统发行量面临挑战，但其在老年群体中的影响力仍不容小觑。国外实践表明，以老年人为目标对象的纸媒读者黏性强、发展空间大。为了适应融合出版的潮流，老年报纸正在积极拥抱数字化，通过一系列创新手段来拓宽其传播的版图，如推出电子版，利用新闻客户端、微信公众号、微博等新媒体渠道，实时发布新闻资讯，以此加强与老年读者的互动交流。此外，一些报纸的内容更加注重深度挖掘和专题分析，以维护其作为信息源的权威性。

《中国老年报》作为全国唯一的国家级综合性老年报，自1988年创刊起，始终秉持"传老年之声，言老年之事，解老年之忧，做老年之友"的办报宗旨。报社聚焦涉老热点，紧盯舆论动态，回应读者关切，充分发挥涉老新闻舆论主阵地、主渠道、主力军作用。为顺应媒体融合发展趋势，报社于2021年成立新媒体部，对微信公众号进行改版升级，推送报纸稿件时加入图片、动图、视频、超链接等元素，制成更适合网络传播的融媒体作品。同时，报社加快推进媒体深度融合，组建新媒体专业团队，打造"一次采集、多种生成、多元发布"的采编模式。《中国老年报》通过采访工具科技化、剪辑设备智能化、发布渠道多样化等手段，运用"主流新媒体+短视频"的形式全方位发布养老资讯。《中国老年报》还创新打造了特色鲜明的"工作报"和"生活报"："工作报"突出权威性和专业性，及时解读党和国家为老服务政策举措，全方位呈现我国老龄干部工作发展成就和养老产业动态；"生活报"突出服务性和指导性，提供海量资讯信息和文化精品，让老年人知天下大事、览古今中外、阅时代新知、享精神愉悦。此外，《中国老年报》结合世界读书日、儿童节等推出富有"银发"特色的原创融媒体作品，以智慧启迪心灵，以信仰塑造人格。为了传承保护优秀传统文化，报社策划推出"银发匠心"等系列融媒体报道，视频制作精良、传播广泛、反响良好。

三、老年期刊

老年期刊，又名老年杂志，是主要面向老年读者群体、公开发行、定期出版的印刷品。作为传递信息的重要平台，老年期刊内容涵盖了健康知识、家庭生活、文化知识、社会时事等多个领域，不仅注重实用性，更兼顾娱乐性。近年来，随着科技的飞速发展，老年期刊正经历着从传统纸媒向多媒体融合的转变。为了迎合老年人的阅读习惯与需求，一些老年期刊开始采用电子版形式，方便老年人通过平板电脑、电脑等设备进行阅读。值得一提的是，部分期刊还提供了有声版本，满足视力不佳的老年人的需求。此外，许多期刊积极拓展线上阵地，增设了网站、社交媒体账号，甚至推出视频内容，以吸引更广泛的老年受众。在这一过程中，期刊内容的个性化和定制化逐渐成为发展趋势，旨在更好地服务于老年读者的特定兴趣和需求。

《金秋》杂志是由中共陕西省委老干部工作局、陕西省人力资源和社会保障厅、陕西省老年人体育协会主办的老年刊物。该期刊在保持纸质杂志的同时，还积极拓展了电子版和有声版，让老年人有了更多的阅读选择。

其网站和社交媒体账号更是内容丰富，更新及时，与读者保持着良好的互动。《金秋》杂志还特别推出了"我的金秋"专栏，鼓励老年读者分享自己的故事和感悟，让每位读者都能成为杂志的主角。这种个性化和定制化的服务，赢得了广大老年读者的喜爱和追捧。

四、广播电视节目

广播电视节目作为老年群体日常娱乐和获取信息的主要渠道，正逐步融入互动元素和新媒体特征。在内容方面，随着老年人口的增加，广播电视节目开始更多地关注老年群体的需求，推出了一系列针对老年人的节目，如健康养生、退休生活规划、老年教育等。这些节目不仅丰富了老年人的精神生活，还为他们提供了实用的信息和知识。在表现形式方面，传统的广播电视节目主要以单向传播为主，但如今通过开设官方网站、移动应用等方式，老年观众能够点播、回看节目或参与互动，增加了节目的吸引力和参与度。在平台整合方面，在媒体融合的趋势下，广播电视不再局限于传统的无线和有线传输方式，而是与互联网、社交媒体等新媒体平台进行整合。例如，电视台推出的在线流媒体服务，允许观众在不同设备上收看节目，并通过社交媒体进行互动和反馈。一些节目还会将内容制作成图书或杂志出售，实现内容的跨媒体传播。此外，针对老年受众的特殊需求，广播电视台可能会提供定制化的服务，如字幕放大、语速调整以及专为老年人设置的节目时段等，确保老年人能够舒适地享受节目。广播电视行业积极引入高新技术，比如4K/8K超高清技术、虚拟现实技术和增强现实技术，提升节目的观赏体验，并尝试将这些技术应用于老年教育、健康养生等领域，提高节目的实用性和教育性。广播电台和电视台正逐渐向综合性传媒机构转型，业务范围扩展到网络电视、数字广播、内容制作、版权运营等多个领域，形成跨媒体的内容生产和分发体系。

中央广播电视总台出品的《乐龄唱响》是一档专为老年人打造的音乐

节目，自2020年6月21日起正式开播。此节目充分利用融媒体的高速发展优势，结合多元化的传播矩阵，采用"访谈+合唱"形式，在访谈中深入展现了各行各业老一辈人的丰富生活以及新时期老年人的别样风采，通过精彩的歌唱比赛，勾勒出当代老年人的生活风貌。《乐龄唱响》不仅在内容上取得了突破，而且在传播方式上进行了创新尝试。依托央视网、微信公众号、今日头条等融媒体矩阵，该节目持续推出符合年轻人审美习惯的短视频和原创文章，有效吸引了年轻观众的参与互动。借助专属微信小程序、抖音及原创短视频等多媒体形式的综合运用，该节目成功打造了一个跨年龄层的互动平台，使不同年龄层的观众都能融入其中，不仅拓宽了节目的传播边界，也增强了其影响力，为综艺节目的创新与发展开辟了新的道路。

五、网络出版

网络出版又称互联网出版，是指互联网信息服务提供者将自己创作或他人创作的作品经过选择和编辑加工，将其刊载于互联网上，或者借助互联网发送至用户端，供公众浏览、阅读、使用或者下载的在线传播行为。当前，网络出版的主要形态包括网络原创文学、网络教育出版物、网络地图、数字音乐、网络动漫、网络游戏、数据库出版物等。随着人口老龄化的不断加剧以及互联网技术的全面普及，老年人对网络信息的需求逐步攀升。他们借助电子设备获取信息、开展娱乐以及进行社交的方式越发多元化。老年网络出版正逐渐发展为一个充满活力的新兴领域。老年人不单是网络内容的消费者，也成为内容的创作者和传播者。比如，不少老年人在社交媒体上分享自己制作的美食视频或旅行见闻。老年网络出版不再局限于传统的文字和图片，而是涵盖了音频、视频等多种形式。老年网络出版的内容可以通过社交媒体、新闻客户端、专业网站等多种渠道进行传播，实现了平台的多元化与融合。《2023国民收听趋势白皮书》显示，"耳朵经济"正逐步融入生活场景，音频技术和内容为用户在碎片化时间中实现信息互动提供了新的机会。

"快乐人生"是《快乐老人报》推出的专为老年人精心打造的综合性网络出版平台。在该平台，用户能够在线阅读《快乐老人报》的电子版，以及各类适合老年人阅读的电子杂志和电子书。平台还提供专门为老年人量身制作的短视频内容，涵盖养生知识、文化娱乐、退休生活指导等方面。该平台还构建了老年人社交网络，用户能够发表评论、参与讨论，甚至上传自己的作品，如摄影、绘画等，形成了一个充满活力的老年社区。与此同时，平台还定期举办健康讲座、文化课堂等直播活动，极大地丰富了老年人的精神文化生活。

六、手机出版

手机出版又称移动出版，是基于无线通信技术，运用文本、图片、声音、影像等表现形式，将自己或他人创作的作品经过选择和加工编辑，制作成数字化出版物，并通过无线、有线网络或内嵌在手机媒体上，供用户利用手机或类似的移动终端，进行阅读或下载的传播形式。按照内容，手机出版可分为手机读物、手机音视频和手机娱乐；按照运营传播形式，手机出版可分为短信型、彩信型和掌信型；按照内容的获取形式，手机出版可分为无线互联网手机出版、有线互联网手机出版和手机载体出版三类。手机出版具有便携性强、传播速度快等特点，能够满足用户随时随地获取信息的需求。手机出版的优势在于其高度的便携性和即时性。用户可以通过手机随时随地访问和阅读各种出版物，这大大提高了信息获取的效率和便捷性。同时，手机出版还可以通过社交网络和移动应用扩展内容发布渠道，实现内容的快速传播和互动。然而，手机出版也面临版权保护等问题。由于手机出版涉及的内容广泛且易于复制，如何有效保护作者的知识产权成为一个重要课题。

复旦大学出版社开发的原创手机书从两条路径进行开发设计：一是为

手机单独策划内容，研发原创手机书；二是对现有图书进行数字化处理，制作成适合手机阅读的版本。这种做法不仅丰富了手机出版的内容类型，也为传统出版物开辟了新的传播途径。

总而言之，老年融合出版正经历着从传统媒体向全媒体转型的关键阶段。在这一过程中，各媒介领域都在积极探寻适应老年人特质和需求的融合出版新模式，以期在数字化浪潮中继续发挥其在老年文化生活中的重要作用。未来的研究应深入探讨老年融合出版的技术创新、内容创新以及商业模式创新，以促进该领域的持续发展。

第三节　老年融合出版面临的挑战

老年融合出版是一个既具挑战性又充满机遇的领域，尽管目前已取得了显著的进展，但仍面临着一系列挑战。

一、供给与需求不够匹配

根据中国人民大学的相关调查结果，现有的老年出版产品不能充分满足老龄读者的阅读需求。这主要表现在三方面。一是品种不全。据统计，目前全国共有585家出版社，仅有华龄出版社一家是专业的老年出版社，所出版的老年图书品种和数量并不算多，主要分为五大类：老龄老年、文教社科、古董收藏、周易术数、生活保健。非专业老年出版社仅零星出版一些老年图书，且不成体系。多数老年出版产品还停留在满足老龄群体的功能性需求阶段，而未能细分不同年龄段、不同区域、不同职业、不同层次的老龄读者阅读需求的差异，同质产品过多，对老龄群体需求的满足程度有待商榷。二是内容不够丰富。内容选题单一，缺乏针对性和广度。目前，虽然年轻一代仍是数字阅读的主流群体，但50岁以上的银发族具有极大的市场潜力，且随着新老年群体的出现，老龄读者除了对养生保健、疾病防治感兴趣，对旅游、休闲、娱乐、教育、新技术等优质内容资源的需求将逐渐增多。目前，学界与业界对老龄群体的研究不够，对老龄读者阅读习惯与阅读特征把握不足，导致出版产品太过强调老龄群体的受众属性而忽略了他们的实际需求。三是老年出版产品的装帧、排版等设计元素并不符合老龄群体的特殊需求。这些问题的根源在于，出版界在针对老龄群体的需求方面反应相对滞后，老年出版市场的产品供给与老龄群体需求严重不匹配。面对日益庞大的老龄读者群体，老年出版领域显然存在很大的需求空间和发展潜力。此外，在实际操作中，老年出版市场存在老年图书范围界定不清、图书品种定义模糊、发展速度迟缓等问题。这表明当前的内容供给未能充分满足老年人的阅读需求。出版社亟须做好老年出版市场的产品定位、集中选题、协同合作，以加快建立符合老龄群体需求的体系化、规模化的老年出版产品线。

二、技术与操作不够适配

随着新媒体以及现代科技的迅猛发展，老年人对技术的接受度在不断提升，他们正逐渐成为移动互联网用户的重要增量来源。然而，许多针对老年人的融合出版产品在技术和操作层面并未完全考虑到老年人的特殊需求。例如，一些电子阅读器的操作界面设计复杂，功能繁多，对于可能存在认知能力下降的老年人来说，学习使用的成本较高。视频类应用程序是银发人群最主要的娱乐方式之一，但是老年人生活圈内可接触到的专门针对老龄群体的新技术应用不多。此外，一些融合出版产品未能充分关注老龄群体的实际需求，在设计时忽视了老年人在视力、听力等方面可能出现的生理变化。例如，老年人的视力可能会有所下降，字体过小或界面颜色对比度不高，都会给他们的阅读带来困难。同样，如果音频内容的音量和音质不合适，也会严重影响听力不佳的老年人的使用体验。因此，如何简化操作流程、优化用户体验，成为老年融合出版亟须解决的重要课题。这不仅涉及技术层面的改进，更需要在产品设计初期就充分考虑到老年人的特殊需求，从而真正做到技术与操作的适配。

三、版权与信息不够安全

在数字化时代的浪潮中，版权保护和信息安全成为整个出版行业面临的重要挑战。这一挑战在老年融合出版领域显得尤为突出。老年人通常对互联网安全的认知程度相对较低，更容易成为网络诈骗的高风险群体。因此，老年融合出版产品必须强化信息保护措施，确保老年人的个人信息得到严格保护，避免被泄露或滥用。除此之外，版权保护不仅是维护作者权益的基本要求，也是推动整个出版行业健康发展的关键所在。加强版权保护尤为重要。只有确保老年融合出版产品的版权得到充分尊重和保护，才能激发创作者的创作热情，保障他们的劳动成果得到合理的回报。这不仅有助于鼓励更多的高质量作品问世，也能够促进整个行业的良性竞争和可持续发展。因此，在老年融合出版领域，我们必须高度重视版权与信息安全的问题。通过采取有效的技术手段和管理措施，加强对老年人个人信息的保护，同时严厉打击侵权行为，维护良好的版权秩序，我们才能为老年人提供一个安全、健康、丰富多彩的阅读环境，推动老年融合出版事业的蓬勃发展。

四、质量与管理不够创新

在当前融合出版的大趋势下，众多出版机构纷纷推出各类融合出版产品，力求在数字化时代中占据一席之地。然而在这个过程中，一个令人担忧的问题逐渐浮出水面，那就是在追求快速上市的过程中，不少机构忽视了融合出版物质量管理的重要性。许多出版机构尚未建立起一套成熟、规范的审核流程和质量评价体系，这使融合出版物的质量难以得到有效保障。

这种状况不仅可能影响读者的阅读体验，还可能对融合出版的持续健康发展造成隐患。此外，尽管老年融合出版已有一些尝试，但整体受重视程度并不高，未能形成以点带面之势，更未能打造出具有影响力的适老化老年融合出版品牌。同时，该领域缺乏深度化的老年融合出版规划，出版技术的适老化改造不多，未能建立起包括产品内容、产销技术、产业业态、营销渠道等在内的老年融合出版物市场优势体系。因此，在老年融合出版领域，我们需要更多的创新和突破。我们需要建立起一套完善的质量管理体系，确保每一本融合出版物都能达到高质量的标准；我们需要打造具有影响力的适老化老年融合出版品牌，让老年人真正享受到融合出版带来的便利和乐趣；我们需要加强老年融合出版的规划和技术改造，建立起覆盖整个产业链的优势体系。只有这样，我们才能推动老年融合出版事业的蓬勃发展，为老年人提供更加丰富、优质的阅读资源。

五、政策与环境支持力度不够

虽然我国已经出台了相关政策，为老年出版业的深度融合发展提供了重要基础和支持，但目前仍缺乏专门针对老年出版的扶持政策，老年出版物市场的政策环境亟待进一步优化和强化。首先，现行的老年出版政策缺少顶层设计，政策的引导性不足，系统化程度不够高，同时也没有建立完善的出版保障机制。例如，对"老年图书"的界定尚不清晰，这在一定程度上影响了政策的精准执行以及出版机构的市场定位。其次，现有的扶持政策相对较少，政策手段相对单一，投入力度也较小。因此，老年出版领域迫切需要增加与市场发展需求相匹配的倾斜性扶持政策。社会属性大于经济属性、市场回报周期较长的老年出版领域，需要更多的扶持政策，以吸引更多的资源投入。然而，目前除了先征后补的税收政策及偶尔出现在国家出版基金的资助项目中，专门针对老年出版物市场的扶持政策寥寥无几。最后，出版机构在积极履行社会责任方面也应更加主动。老年出版对行政经费过度依赖，市场化程度不高，亟须借助国家养老服务、文化产业等相关政策，进一步提升老年出版的市场化程度。出版机构也应充分认识到老年融合出版的重要意义，积极承担社会责任，加大投入，确保老年出版市场的健康可持续发展。

第四节　老年融合出版提出的新要求

老年融合出版作为顺应老龄化社会发展的新兴领域，在政策支持、出版机构、出版编辑、老年受众、家庭及社会支持等方面提出了新的要求和挑战。

一、政府部门应加大保障力度

政府部门在老年融合出版领域需要制定具有针对性和前瞻性的政策。例如，出台鼓励出版机构加大对老年读物研发投入的资金扶持、税收优惠等方面的政策，激励出版机构投身于老年融合出版。政府还可以设立奖项，表彰在老年融合出版领域做出杰出贡献的个人和组织，以此树立行业典范。同时，政府部门应完善相关法律法规，保障老年受众的知识获取、版权保护等权益，加强对老年融合出版内容的监管，确保其真实性、科学性和适用性。此外，政府部门应建立健全老年出版物质量监管体系，确保内容的专业性和适宜性；还应推动跨部门合作，整合资源，为老年融合出版创造良好的外部环境。

二、出版机构应改变传统观念

随着互联网和移动设备的普及，出版机构需要通过数智化手段扩大其影响力和受众群体，提高用户体验。同时，出版机构的服务性和创新性愈加凸显，正在实现从知识传播向知识管理、知识服务的出版理念与出版方式的转变。老年群体的阅读需求日益多元化、个性化和定制化。他们不再满足于传统的、千篇一律的阅读体验，转而寻求更加契合个人兴趣的定制内容，"互联网+知识服务"成为提升出版机构服务效能的重要方式。鉴于此，老年出版机构应重视老年融合出版市场的潜力，从以出版为中心转向以用户为中心，深入了解老年受众的需求和兴趣，出版涵盖健康养生、文化娱乐、科技普及等多领域的优质内容。在此过程中，出版机构需转变传统观念，积极拥抱新技术和新模式；加大资源投入，开发适合老年人使用的阅读设备和应用程序；组建专业的老年融合出版团队，包括选题策划、编辑加工、技术研发等人员，根据老年人的阅读偏好和生活需求，策划出版更多高质量、有针对性的图书、杂志和音视频产品。同时，出版机构应注重内容创新，可借助个性化的用户体验、智能化的内容推荐系统以及互动式的阅读平台，并通过打造知识网红IP、推出在线课程、开展线上知识问答、实施资讯定向推送等新型知识服务方式，实现用户知识的高效共享与变现。

三、出版编辑应进行角色重塑

在新技术图景下，出版编辑作为老年融合出版的核心行动者，面临着从内容守门员到信息聚合者、从文字工作者到复合型人才、从单打独斗者到协同创新者的角色转变与重塑。在老年出版的传统框架中，期刊编辑一直扮演着内容守门员，承担着信息过滤的角色。随着信息技术的发展、交流模式的演变以及网络信息的爆炸式增长，老年受众开始主动筛选和定制个性化内容，拓宽了原有的认知边界。依托大数据分析和智能算法的编辑工具崭露头角，部分替代了传统编辑在信息过滤和推荐方面的职能。编辑角色也从专注文字的传统编辑加工者转变为涵盖技术应用、多媒体报道、内容策划、市场洞察的信息聚合者和知识传播者的复合型人才。为了更好地适应融合出版的发展诉求，老年出版编辑应全面提升学术素养：不仅要具备专业的编辑技能，精通文字编辑，也要了解老年心理学、健康知识等相关领域知识，还要熟悉多媒体技术，培养跨媒体叙事的能力，能够将文字、图片、音频、视频等元素有机融合，打造丰富多样的出版产品。编辑团队能够将同一主题的内容以不同的形式呈现给老年读者，如结合图文、音频、视频等多种媒介元素，提升内容的吸引力和易读性；还要积极求新求变，全力提升自己的数智素养和创新素养等，以在融合出版背景下保持核心竞争力。

四、社会组织应营造良好氛围

家庭和社会的支持对于老年融合出版同样不可或缺。家庭要鼓励老年人积极参与阅读和学习，可以为老年人提供必要的设备和技术支持，并协助他们学习使用，陪伴他们共同阅读，增进代际交流。社会各界应营造良好的阅读氛围，倡导尊重和关爱老年人的文化。相关企业要充分考虑老年受众的特点和需求，使产品更加适老化，比如开发专门为老年读者设计的电子书阅读器，具有大按键、语音朗读等功能。教育机构应当开设相关的课程和研讨会，培养对老年融合出版具有一定的理解力和实践能力的出版行业人才；为老年人提供数字素养培训，帮助他们掌握基本的电子阅读技能，消除技术使用上的障碍。公共图书馆和社区中心可以设立专门的老年阅读区域，配备适合老年人的阅读设备，并定期举办读书沙龙、作家见面会等活动，增强老年人的阅读体验和社交互动。媒体平台应承担起社会责任，通过广播、电视、网络等多种渠道宣传老年融合出版的重要性，加强公众对老年阅读权益的认识。同时，媒体可以制作专题节目，介绍优秀老年出版物，引导社会关注和支持老年融合出版事业。企业和慈善机构可以通过赞助项目、捐赠设备等形式，为老年融合出版提供物质支持。例如，科技公司可以开发更加人性化的阅读软件，慈善基金会可以资助老年出版项目的启动和运营。志愿者和社会团体可以组织各种活动，如义工陪读、书籍交换会等，鼓励老年人参与阅读和文化交流。这些活动不仅能够丰富老年人的精神生活，还能促进社区内部的互助、和谐。总之，社会各界要齐心协力，共同构建一个多元、包容且充满活力的老年出版生态。

五、老年受众应践行终身学习

老年人自身践行终身学习理念是非常重要的。随着社会的不断发展和进步，新的知识和技能不断涌现，老年人需要不断学习和更新自己的知识库，以适应社会的发展和变化。首先，终身学习可以帮助老年人保持思维活跃和敏捷。通过学习新的知识和技能，老年人可以锻炼大脑，提高思维能力，延缓衰老的过程。同时，学习还可以增强老年人的自信心和自尊心，让他们感到自己在社会中仍然有价值和作用。其次，终身学习可以帮助老年人更好地适应社会的变化。随着科技的不断进步，老年人需要学习如何使用新的科技产品和服务，以便更好地融入现代社会。此外，通过学习新的知识和技能，老年人还可以拓宽自己的社交圈子，结交更多的朋友，增加参与社交活动的机会。最后，终身学习还可以帮助老年人实现梦想。退休后，老年人有更多的时间和精力去追求自己喜欢的事物。通过学习新的知识和技能，老年人可以发掘自己的潜力，实现梦想，提升生活的质量和幸福感。因此，老年人应该积极践行终身学习理念，不断学习和进步，以保持身心健康、适应社会变化、实现个人梦想。同时，社会应该提供更多的学习资源和支持，鼓励老年人积极参与融合出版的过程中，如参与内容创作、评价反馈等，为老年人的终身学习创造更好的条件和环境。

总之，老年融合出版的发展需要各方共同努力，以满足老年群体日益增长的精神文化需求，推动老年出版事业的繁荣发展。

第五章

老年群体的数字素养研究

第五章　老年群体的数字素养研究

第一节　数字素养的概念和内涵

随着以数字化、网络化、智能化为核心的新一代信息技术日渐渗入人们生活的各个方面，进而重塑人们的生产、生活与思维方式，我国社会正快速步入数字时代。数字素养作为实现数字化转型的关键支撑，成为21世纪数字公民必备的基本能力之一，也成为各国战略竞争力和软实力的关键指标。《中华人民共和国国民经济和社会发展第十四个五年规划和2035年远景目标纲要》明确要求建设数字中国，加强全民数字技能教育和培训，普及提升公民数字素养。2021年11月，中共中央网络安全和信息化委员会办公室印发的《提升全民数字素养与技能行动纲要》（以下简称《行动纲要》）指出，要把提升全民数字素养与技能作为建设网络强国、数字中国的一项基础性、战略性、先导性工作。与此同时，我国推出了"数字中国""数字经济"等重大战略，以应对数字化带来的巨大挑战。可见，如何提升包括老年人在内的现代公民的数字素养，已成为摆在社会各界面前的重要课题。

数字素养（Digital Literacy）是与数字时代伴生的概念，最早由以色列学者约拉姆·埃谢特–阿尔卡莱（Yoram Eshet-Alkalai）于1994年提出。他认为数字素养不仅指人们使用软件及各项数字设备的能力，也应该包括大量复杂的认知、动机、社会和情感技能。1997年，保罗·吉尔斯特（Paul Gilster）在其著作《数字素养》中对数字素养概念做了补充性解释，将其界定为获取、理解、整理和批判数字信息的综合能力。经济合作与发展组织（OECD）指出，数字素养是指个人应该具备工作场所和社会生活各个方面所需的全部能力，并且能够领会到这些技术蕴含的潜力，学会运用这些能力，要有批判精神与判断能力。我国的《行动纲要》对数字素养与技能的定义是：数字社会公民学习工作生活应具备的数字获取、制作、使用、评价、交互、分享、创新、安全保障、伦理道德等一系列素质与能力的集合。尽管到目前为止，数字素养的内涵尚未有标准化定义，但学界普遍认为，老年数字素养是指老年人在数字生活中应具备的对数字获取、制作、使用、评价、交互、分享、创新、安全保障、伦理道德等一系列素质与能力的集合。

纵观数字素养概念发展史，学者们的探讨经历了一个由单纯强调数字知识与技能到注重态度与价值观，再到创新创造的发展过程。研究初期，数字素养被认为是"数字时代的生存技能"，也是"信息社会的重要资产"，包括认知技能、情感技能和社交技能。随着研究的持续深入，数字素养开始强调数字认知和态度，包括对各种数字信息进行批判性选择、理解、评估的思考意识和认知能力。近年来，数字素养内涵逐渐延伸至创新创造层面，成为集数字知识和技能、数字认知和态度以及数字创造能力于一体的复合型素养。针对老年群体数字素养，有学者分别从数字鸿沟、数字反哺、数字融入、数字包容等角度进行了探讨。由此可见，尽管学界目前尚未就数字素养概念及核心要素达成共识，但整体认识不断深化发展。

概言之，数字素养作为"数字时代的生存技能"和"信息社会的重要资产"，不再是一种单一的技能，而是一个综合性、动态的、开放的概念。它不仅是关于技术的操作技能，更是一种包含认知、情感和社交能力的全面素质。随着社会的数字化转型，数字素养已成为公民必备的基本素质之一，对于个人的学习、工作和日常生活都具有重要意义。

在数字社会中，数字素养不仅是公民的核心素养之一，也成为世界各国普遍重视的国家战略竞争力。欧盟组织将数字素养列为21世纪劳动者和消费者的首要技能，并推出了数字素养教育框架。我国对数字化人才教育的目标是，到2025年国民的数字素养不低于发达国家国民数字素养的平均水平。但目前，我国数字素养教育框架主要涵盖大中小学生，还未在整个社会，尤其是老年群体中普及数字素养教育。老年人的数字素养教育未引起足够关注，导致其越来越难以满足数字经济快速发展对老年人数字素养的迫切要求。因此，构建老年人数字教育体系成为重要议题。我们需要加强老年人的数字素养教育，以弥合数字鸿沟，让老年人共享数字红利。

第二节 数字素养的发展演变

多年来，数字素养概念不断发展演变，经历了从媒介素养和信息素养向数字时代转变的升华与拓展。具体来说，数字素养的发展可以分为以下几个阶段。

20世纪90年代，随着计算机和互联网的普及，美国开始意识到提升公民的信息素养的重要性。这一时期，人们主要关注的是如何识别、选择、理解和使用各种媒体传递的信息，以及计算机操作技能和基本的信息技术应用，这被称为媒介素养。约拉姆·埃谢特－阿尔卡莱提出的图片—图像素养、再创造素养、分支素养、信息素养、社会—情感素养五理论数字素养框架就是这一阶段的代表。他强调了视觉图形信息的理解能力在数字环境中的重要性。

进入21世纪，数字技术飞速发展并渗透到生活的各个方面。数字素养因此被提出，并迅速得到重视。随着数字技术的发展，专家学者们对数字素养概念的理解呈现百花齐放的局面，数字素养的概念开始拓展。它不仅包含媒介素养和信息素养，还涵盖更广泛的技术和文化层面，如计算思维、数字化学习与创新以及数字社会责任等，逐渐形成了一个综合性的概念。

例如，挪威教育部门在2004年发布了"国家数字素养计划"，将数字素养教育纳入其国家课程改革中。这标志着数字素养教育开始成为国家层面的教育政策的一部分。2011年，欧盟对数字素养下了宽泛的定义：在工作、就业、学习、休闲以及社会参与中，自信、批判、创新性使用信息技术的能力，包括知识、技能和态度。

2012年，移动互联网开始普及。在全球数字化技术浪潮驱动下，人们的生产和生活方式随之悄然变革。数字素养的内涵也不断丰富拓展，涉及图片图像识别、理解素养、再创造素养、分支素养、信息素养和社会情感素养等方面。2012年，美国图书馆协会（ALA）将数字素养定义为"利用ICT检索、理解、评价、创造并交流数字信息的能力，该过程需具备认知技能及技术技能"。2013年，联合国教科文组织（UNESCO）提出媒介与信息素养概念，以期统合信息素养、数字素养等相关概念。2015年，联合国教科文组织将数字素养纳入2030年教育可持续发展目标（SDG4）的监测指标体系，这表明数字素养已经成为全球教育发展的一个重要组成部分。

目前，随着数字经济的发展，数字素养已经成为人们参与社会生活和工作的基本能力，不仅包括技术技能，还包括批判性思维、创新能力和安全意识等。

总的来说，数字素养的发展演变是一个与时代技术紧密相连的过程，反映了社会对技术适应能力的需求变化，从最初的计算机操作技能到现在的全面数字能力，数字素养已经成为现代公民全面参与数字社会生活的重要能力。它不仅要求个人能够熟练使用数字工具，还要求个人具备批判性思维，能够在数字环境中做出合理判断和决策。

第三节 提升老年群体数字素养的价值意蕴

在社会数字化与人口老龄化的双重背景下，加强老年人数字素养教育，提升老年群体数字素养，是积极应对人口老龄化、弥合银发数字鸿沟、实现老年人社会参与的必然选择和应然要求，具有重要的战略意义和现实意义。

一、提升老年群体数字素养是应对人口老龄化的有效举措

作为世界上老年人口规模最大和老龄化速度最快的国家，中国于2000年步入老龄化社会以来老龄化程度持续加速加深，且将成为今后一段时期内我国的基本国情。近年来，以习近平同志为核心的党中央作出一系列重要指示，规划部署数字化和老龄事业发展建设。2021年2月，工业和信息化部发布《工业和信息化部关于切实解决老年人运用智能技术困难便利老年人使用智能化产品和服务的通知》，指明"进一步完善工业和信息化领域便利老年人使用智能化产品和服务的政策措施"。同年11月，中共中央、国务院印发的《中共中央 国务院关于加强新时代老龄工作的意见》明确提出，要"实施'智慧助老'行动"，促进老年人的社会参与，"加强数字技能教育和培训，提升老年人数字素养"。《中华人民共和国国民经济和社会发展第十四个五年规划和2035年远景目标纲要》明确提出，加强全民数字技能教育和培训，普及提升公民数字素养，特别是要消除数字鸿沟，形成必要的数字素养和数字驾驭能力。实施积极应对人口老龄化国家战略，其核心要义是"积极"，关键内涵是老年教育。"学习是最好的养老"，老年教育作为终身教育的最后阶段，是涉及老年事业与产业规划、布局及健全保障的必要依据，是解决老龄问题的重要手段，对践行积极老龄观、健康老龄化理念起着至关重要的作用。

二、提升老年群体数字素养是弥合银发数字鸿沟的必然选择

近年来，随着人工智能、5G、云计算、区块链和元宇宙等信息技术蓬

勃发展，数字化生存已是经验事实，推动每一位社会公民主动或被动成为数字生活的深度参与者。2021年11月，中央网信办在《提升全民数字素养与技能行动纲要》中指出，"注重构建知识更新、创新驱动的数字素养与技能培育体系"，"注重培养具有数字意识、计算思维、终身学习能力和社会责任感的数字公民"。中央网信办、教育部、工业和信息化部以及人力资源和社会保障部联合印发的《2024年提升全民数字素养与技能工作要点》明确提出，到2024年底，我国全民数字素养与技能发展水平迈上新台阶，数字素养与技能培育体系更加健全，数字无障碍环境建设全面推进，群体间数字鸿沟进一步缩小，智慧便捷的数字生活更有质量，网络空间更加规范有序，助力提高数字时代我国人口整体素质，支撑网络强国、人才强国建设。只有提升公民的数字素养和能力，尤其是尽力弥合银发数字鸿沟，才能使作为典型"数字移民"的老年人不被数字时代淘汰，才能让他们共享数字发展红利，变"养老"为"享老"。

三、提升老年群体数字素养是实现老年人社会参与的应然诉求

老年人口蕴含着丰富的人力资源和社会资本。按照世界卫生组织的界定，社会参与是积极老龄化的三大核心支柱之一。当前，我国60—70岁的低龄活力老人约有1.4亿人，约占总人口的1/10。他们参与社会的意愿强烈，但受限于受教育程度偏低、知识迭代升级加速、学习渠道较少等因素。他们继续学习的意愿也非常强烈，以至于多地出现老年大学"报名秒杀""一座难求"的现象。只有全面提升老年群体数字素养，才能积极培育银发经济，推动老龄产业健康发展，缓解养老服务的压力；才能充分调动老年群体的积极性、主动性，让老年群体在就业创业、社会参与、社会管理、社会服务等方面发挥更大作用；才能体现全社会对老年人终身社会参与权利的认可和保护，实现"老有所学""老有所为"的生活愿景。

第四节　老年群体数字素养的影响因素分析

一、研究设计

（一）研究方法

扎根理论（Grounded Theory）是由美国社会学者巴尼·格拉泽（Barney Glaser）和安塞尔姆·施特劳斯（Anselm Strauss）于1967年提出的一种质性研究方法，旨在通过系统的资料搜集和分析，从具体数据中归纳提炼出描述性或解释性的理论。这种方法强调研究者深入实地，通过对研究对象的直接观察和访谈，搜集丰富的原始资料，并在此基础上逐步构建起反映研究对象本质特征的理论框架。随着时间的推移，基于原初理论的发展，扎根理论现已形成三大主流流派：经典学派侧重于研究的客观性；建构型学派倾向在主观性与客观性间进行权衡；程序化学派侧重主观性，因其明确的操作步骤和系统的分析框架，被广泛应用于社会科学研究领域。一般而言，扎根理论适合研究特定人群面对特定问题时，受到各种条件的促进或制约，采取不同的行动和互动策略，产生不同的结果，进而形成一些模式。老年群体作为数字鸿沟的主要群体，其异质性特征、数字融入的情境及意愿情况需要重点关注。从老年人的角度观察和分析其数字素养的现状及存在的问题，发展出扎根于现实生活情境的理论，采用具有探索性意味的扎根理论更具有行动指导价值。此外，尽管学界在老年群体数字素养研究方面已经有所涉猎，但对其影响因素及作用机制的质性研究偏少。鉴于此，本书在现有研究成果的基础上，从数字鸿沟对老年群体数字融入带来的现实阻碍出发，采用施特劳斯的程序化扎根理论研究方法，深入剖析老年群体数字素养的现状及核心影响因素，厘清各因素的相互关系与作用机制，构建老年群体数字素养的影响因素及作用机制模型。这不仅有助于深化对老年群体数字素养问题的理解，而且能够揭示不同因素的相互作用机制，为相关领域的政策制定和实践干预提供科学依据。

（二）研究样本

本书采用理论抽样的方法，样本选择遵循质性研究中"目的性抽样"原则。首先，受访者应为50岁及以上已办理退休手续及60岁以上的中国公民；其次，受访者应尽可能涵盖不同地域、性别、年龄、户籍、职业、受教育程度、居住方式、健康状况等，以提高研究结论的普适性；最后，受访者在生活起居、医疗卫生、保健康复、娱乐休闲、安全保障和学习分享等场域使用数字智能设备并存在数字融入障碍。样本数量以达到饱和为准，即当新增访谈对象不再提供新的信息或观点时，则认为样本数量已达到饱和状态。最终，结合我国老年人口分布特点及老年人使用数字智能设备的异质性特征，从全国范围内先后选取了30名符合条件的老年人作为访谈对象。访谈样本统计信息如表5-1所示。

表5-1 访谈样本统计信息（N=30）

名称	选项	人数	百分比
性别	男	14	46.7%
	女	16	53.3%
年龄	50—59岁	5	16.7%
	60—69岁	10	33.3%
	70—79岁	10	33.3%
	80岁及以上	5	16.7%

续表

名称	选项	人数	百分比
受教育程度	小学及以下	2	0.7%
	初中	8	26.7%
	中专及高中	7	23.3%
	专科	7	23.3%
	本科及以上	6	20.0%
户籍	城市户籍	20	66.7%
	农村户籍	10	33.3%
离退休之前的职业	党政机关公务员	4	13.3%
	科教文卫等事业单位工作者	11	36.7%
	企业、商业等单位工作者	7	23.3%
	个体、私营业主	4	13.3%
	农民	4	13.3%
目前主要生活来源	离退休养老金	15	50.0%
	积蓄、投资收入	7	23.3%
	劳务工作收入	2	6.7%
	配偶供给	1	3.3%
	子女供养	3	10.0%
	最低生活保障补助	2	6.7%
婚姻状况	已婚	21	70.0%
	离异	3	10.0%
	分居	1	3.3%
	丧偶	5	16.7%
居住情况	老年夫妇同住	14	46.7%
	与子女和孙辈同住	7	23.3%

续表

名称	选项	人数	百分比
居住情况	与父母等同住	3	10.0%
	独居	4	13.3%
	入住养老机构	2	6.7%
健康状况	平素体健	8	26.7%
	亚健康状态	7	23.3%
	患有慢性疾病（不影响生活质量）	11	36.7%
	患有慢性疾病（对生活质量有较大影响）	4	13.3%

注：各百分比加总之和与合计值稍有出入，系四舍五入导致。

（三）资料搜集

本书以老年群体数字素养现状和影响因素为访谈主要内容，在访谈前设置相应的访谈提纲，访谈问题仅用于引导访谈过程，访谈过程中根据受访者的个人特征及数字素养情况进行灵活调整。此外，由于受访者的受教育程度、数字素养水平等存在差异，在访谈开始时有针对性地对数字素养、数字安全等专业术语，以及研究的学术价值、保密录音事宜进行说明，使受访者更好地理解访谈的意义，方便访谈顺利进行。

访谈以半结构化方式进行，采取边访谈边整理数据的方法，通过面对面、电话和微信语音等方式进行深度访谈。访谈过程中，采访者尽可能仔细地观察受访者的神态和动作，注意受访者的语气，进而更加充分地理解受访者使用数字智能设备的主观感受，分析相关影响因素，并对实质性的情境和问题进行适时追问。30名受访者人均访谈时长为1小时，征得受访者同意后用录音软件录下访谈内容，访谈结束后将音频转录成文本形式，最终形成与本书有关的访谈文本资料共6.6万余字，从中随机选取24份访谈资料进行编码分析，其余6份访谈资料用于理论饱和度检验。

二、编码分析与模型构建

对原始资料进行细致深入的剖析和编码是扎根理论研究方法的基础与核心。本书综合运用NVivo11.0分析软件和人工编码两种方式提取概念，围绕核心主题，遵循原生编码原则，对原始资料进行抽象提炼和编码。通过编码，研究者可以从研究对象的角度理解行动与表述、场景与感受、故事与沉默，努力去了解研究对象的立场和处境以及相应环境中的行动。在操作上，程序化扎根理论编码主要分为三个步骤，即开放式编码、主轴式编码和选择式编码，三者交叉进行，互为补充，连续比较始终贯穿全过程。最后，进行理论饱和度检验。

（一）开放式编码

开放式编码是将原始资料打散、比较，进行概念化和类属化的操作过程。在此阶段，为保证开放式编码的客观性和真实性，本书对24份原始访谈资料进行逐行逐句对比分析，寻找每条语句的关键词并对其进行概念化处理，识别了受访者经常提及的诸如价格昂贵、功能复杂、不好操作、网络信息真假难辨等60个原始语句，即初始概念，分别进行了标注。然后通过连续比较的方法对初始概念进行剔除、分类及合并，保留出现了三次及以上频次的标签后，最后整理归纳出22个子范畴（见表5-2）。

表5-2 开放式编码形成的概念与子范畴

序号	子范畴	初始概念	代表性原始语句（部分）
1	经济因素	价格昂贵	价格太高了，买不起（A4-5）
		通信费高	外出不敢开移动网络，要不通信费太高了（A6-17）
		高额会费	想看智能电视还得开通各种会员，成收费台了（A29-68）
		资金短缺	企业退休金不高，不舍得花钱买数字智能设备（A1-6）

续表

序号	子范畴	初始概念	代表性原始语句（部分）
2	设施设备	没有网络	孩子都在外地，就我们老两口在老家，没安装网络（A23-10）
		设备不足	除了孩子淘汰的一部智能手机，没别的智能设备（A17-4）
3	平台服务	功能单一	智慧养老服务平台功能设置单一，服务项目不足（A11-24）
		互动性差	平台服务更多是被动下单，不能实现良好的互动（A20-53）
4	功能设计	功能太复杂	功能太多、太复杂，不知如何操作（A18-49）
		屏幕太灵敏	说着说着话就断了，都不知道碰了哪里（A6-97）
		字号、声音小	字号偏小，声音也不够大（A11-103）
5	供需匹配	款式少	适合老年人用的款式太少了（A24-116）
		不实用	用不着，没多大用处，都成了摆设（A7-63）
6	子女支持	子女异地	子女都不在身边，平时偶尔视频通话（A8-95）
		子女繁忙	孩子每天回来很晚了，没时间（教）（A1-354）
		缺乏耐心	有时也问孩子，问多了（孩子）不耐烦（A18-147）
7	情感需求	空巢留守	老伴走了后，孩子在外地，我就成了孤家寡人（A20-413）
		空虚寂寞	整天没事干，看视频时就感觉不到寂寞了（A17-48）
8	年龄歧视	伪"老年版"	老年版只是字号变大了，别的还是根据年轻人设计的（A27-245）
		年龄尴尬	村里人笑话说（我）那么大年纪了还发视频，出风头（A13-174）
9	刻板印象	抠门吝啬	认为老年人不舍得花钱，是"抠门吝啬"的代名词（A2-175）
		落后分子	觉得老年人落伍了，没必要了解新鲜事物（A7-249）
		顽固老化	常把"老顽固"作为老年人的特定标签（A26-137）

续表

序号	子范畴	初始概念	代表性原始语句（部分）
10	朋辈影响	同龄影响	周围很多同龄人普遍对使用智能设备不感兴趣（A4-213）
		从众心理	随大溜儿，大家都不用也就不好意思用了（A15-319）
11	信息安全	隐私泄露	下载APP时需要填很多个人信息，很容易被泄露（A5-269）
		虚假广告	一打开就是广告，宣传得天花乱坠（A4-204）
		网络谣言	很多网络信息说得像真的似的，真假难辨（A19-126）
		网络诈骗	电话诈骗、购物诈骗、金融诈骗怎么那么多（A8-145）
		人身安全	平台预约上门服务，怕威胁人身安全（A20-324）
12	监管维权	监管缺失	遇到网络欺诈，不知去哪里求助（A21-177）
		维权艰难	被骗的钱还能不能要回来啊？那可是我的养老钱（A22-196）
13	生理机能	看不清	眼花了看不清，最大字号才可以（A9-84）
		听不见	声音太小，有时装在上衣口袋，来电话都听不见（A13-101）
		手指不灵便	手指不灵便，经常按错（A18-72）
		体力不支	有的网课一次两三个小时，体力达不到（A12-375）
		记忆衰退	当时记住了，一转眼就忘了（A6-224）
14	教育水平	学习时间少	小时候条件差，上了几天学，下乡又耽误了（A15-36）
		普通话不好	我不太会说普通话，（小度）听不懂，急人（A29-313）
		识字不多	很多字不认识，不会拼音打字（A23-177）

续表

序号	子范畴	初始概念	代表性原始语句（部分）
15	资源不足	没学习途径	即使想学，也没地方学啊（A17-203）
		想学没人教	想学但没人教，想上老年大学，报不上名（A4-361）
16	替代途径	线下服务	银行办理业务有线下窗口（A18-96）
		他人帮办	需要网上办理的子女家人他们就弄了（A20-145）
17	学习兴趣	内容不感兴趣	理论性太强，不感兴趣（A11-403）
		教学方式不易懂	要用老年人容易懂的方式讲解，少些专业术语（A26-170）
18	学习意愿	不想学习	不使用智能设备对生活没什么影响，没必要学（A23-71）
		影响健康	看时间长了视力下降得厉害，还头昏脑涨的（A24-54）
19	知识认知	知识匮乏	只会看微信朋友圈和快手视频，其他都不会（A17-56）
		认知盲区	没听说过（家庭服务机器人）（A6-159）
		网络成瘾	整天看视频，身体不锻炼了，连吃饭睡觉也敷衍了事（A2-197）
20	态度心理	不敢尝试	好多新功能不敢尝试，就怕不小心弄坏了（A20-185）
		畏难情绪	太难了，根本学不会，很多同龄人不愿再学习（A9-313）
		感觉无助	原来感觉自己还挺能的，现在却成了"失能"老人（A27-356）
21	设备操作	转换频繁	页面图标复杂拥挤，不知怎么回事，频繁转换（A26-105）
		不好操作	不好操作，频繁退出（A19-167）
		技能落伍	说明书太专业，看不懂，确实落伍了（A1-276）

续表

序号	子范畴	初始概念	代表性原始语句（部分）
22	数字排斥	更新太快	更新换代太快了，跟不上节奏（A27-131）
		不想使用	所谓科技啊，不了解，也不想尝试（A18-79）

注：Am-n表示第m位受访者深度访谈资料中的第n条语句，下同。

（二）主轴式编码

主轴式编码是在开放式编码的基础上，将各子范畴按照内在逻辑关系重新组织，有机整合，挖掘和构建它们之间的类属关系，以表现各个部分间的有机关联。本书在开放式编码的基础上，按照编码范式模型，即（A）因果条件—（B）环境（脉络）—（C）中介条件（动机）—（D）行动/互动策略—（E）结果，进行了主轴式编码，将类属和次类属重新组合，发现老年群体数字素养养成遵循着"条件—环境—动机—行为—结果"的逻辑链条，即老年人在经济物质条件及家庭和社会环境的影响下，触发数字融入动机，同时受身体机能和受教育程度等的限制，最终形成相应的数字素养结果。按照此逻辑链条，将上一级开放式编码形成的22个子范畴进一步归纳提炼为11个副范畴、5个主范畴（见表5-3）。

表5-3 主轴式编码形成的各范畴

主范畴	副范畴	子范畴	范畴内涵
物质条件	经济基础	经济因素	价格与收入是老年人数字融入的双重经济影响因素
		设施设备	网络接入与智能设备影响了老年人数字融入意愿
	硬件供需	平台服务	服务平台的功能设计影响了智慧养老服务效率
		功能设计	数字智能设备是否适老影响老年人数字融入行为
		供需匹配	市场供需是否平衡对老年人数字素养水平影响显著
社会环境	家庭支持	子女支持	子女反哺是提升父辈数字素养的主要动力
		情感需求	子女、配偶缺位是老年人数字融入困难的主要归因

续表

主范畴	副范畴	子范畴	范畴内涵
社会环境	相关环境	年龄歧视	产品设计及社会环境对老年群体不够友好
		特定印象	社会上存在对老年人的群体偏见
		朋辈影响	周边同龄人对老年群体的影响较大
	安全监管	信息安全	老年人面临网络谣言、隐私泄露、网络诈骗等风险
		监管维权	相关政策及监管得力是老年人数字融入的有力保障
效能感知	人口变量	性别及年龄	性别及年龄等条件对老年人数字素养水平产生影响
	个体感知	生理机能	自身身体机能衰退导致老年人数字设备使用困难
		受教育程度	老年人受教育程度对数字素养水平有较大影响
教育培训	教育资源	资源不足	教育资源供给不足成为老年群体提升数字素养的拦路虎
		替代途径	线下服务、他人代劳等使老年人感觉数字设备可有可无
	学习动力	学习兴趣	老年群体对数字技能的学习兴趣不足
		学习意愿	受主客观因素影响,老年群体数字技能学习动力不足
数字素养	思维意识	知识认知	老年人在数字认知上因知识匮乏而出现认知盲区
		态度心理	老年人在数字融入过程中存在诸多心理障碍
	数字技能	设备操作	老年群体在使用数字设备时存在畏难等心理障碍
		操作困难	存在数字设备更新过快而老年人技能落伍的矛盾
		数字排斥	老年群体在数字设备使用中面临多种操作难题
			老年群体存在不愿、不想使用数字设备等排斥行为

（三）选择式编码

选择式编码也称核心式编码，指识别出能够涵盖其他全部类属的核心范畴，并将核心范畴系统地与其支援类属予以联系，验证其相互关系，最终整合为一个完整的分析图式。通过对60个概念、22个子范畴、11个副范畴和5个主范畴进行反复分析和归纳，得出相应的核心范畴，即"老年人数字素养的影响因素"。这一核心范畴不但与其他范畴类属易发生关联，且能最大限度地统领其他概念和范畴。围绕核心范畴，"故事线"可以描述为：在影响老年群体数字素养的因素中，物质条件是基础保障，家庭和社会环境是外在支持，两者直接决定了老年群体数字融入的广度和温度；效能感知是内驱动力，教育培训是调节中介，两者共同影响了老年群体数字融入的强度和深度。与此同时，数字素养结果反过来对以上要素具有重要的影响和调节效应，客观上推动了它们的发展。五大要素双向循环、相互协同、内外联动，共同推动老年群体积极融入数字生活，由此构建出"老年群体数字素养的影响因素与作用机制模型"（见图5-1）。

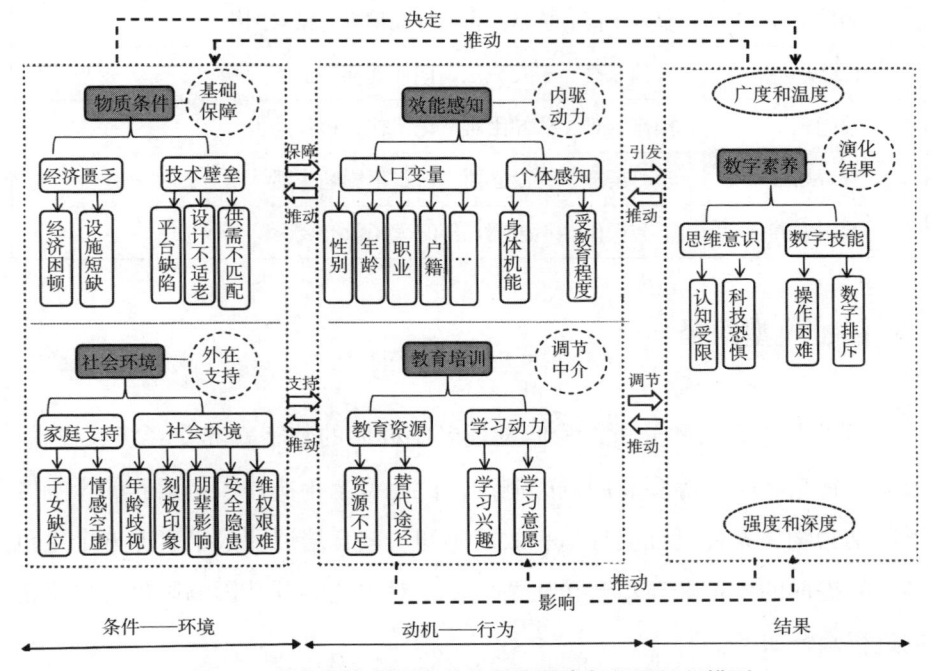

图5-1 老年群体数字素养的影响因素与作用机制模型

（四）理论饱和度检验

理论饱和是指所有类属的属性、维度和变化均得到充分发展，原始资料中没有新的概念出现。通过对预留的6份访谈资料按照三级编码的程序加以分析，结果显示，模型中影响老年群体数字素养的5个主范畴均被已编码的概念和范畴包含，没有发现新的概念类属和范畴关系，各范畴之间符合原有的逻辑关系。此外，邀请3位老年学领域专家对原始数据和三级编码过程等资料进行审核，未挖掘出新的范畴和关系结构。这表明本研究编码较为完善，所构建的老年群体数字素养影响因素与作用机制模型在理论上通过饱和度检验，检验结果如表5-4所示。

表5-4 理论饱和度检验结果

主范畴	新子范畴
物质条件	收入不高、价格昂贵、种类偏少、没安网络
社会环境	失独家庭、子女缺位、同伴榜样、上当受骗
效能感知	操作困难、认知困难、记不住、科技恐惧
教育培训	学习渠道少、没必要学习、不影响生活
数字素养	不会操作、不想用、年纪大了没必要

三、模型阐释

通过上述编码和分析，我们发现老年群体的数字素养受经济、技术、家庭、社会、个人等多重因素的制约，由此将老年群体数字素养的影响因素归纳为物质条件、社会环境、效能感知、教育培训和数字素养五个主范畴，将提取的主范畴还原到访谈情境中，对主范畴及其影响因素、作用机制进行阐释如下。

(一)物质条件：提升老年群体数字素养的基础保障

本书发现，老年人尤其农村、偏远地区以及75岁以上高龄老年人网络接入及数字设备的拥有使用情况不容乐观。"孩子都在外地，就我们老两口在老家，没安装网络"（A23-10）；"物价上涨太快，退休金除去买药和日常生活，剩不下多少，没钱买什么智能设备"（A20-29）；"孩子给买了智能手机，但不会用，一直闲着"（A28-45）；"只会看视频，别的不敢乱动，怕弄坏了"（A16-174）。这一方面缘于步入老年后，囿于收入减少且来源单一，加上疾病多发、消费意愿减弱等，老年人的社会经济条件较差，无力承担网络接入及数字设备购买相关费用，而数字智能设备的价格却普遍偏高。此外，长期以来，数字智能设备的生产者和服务提供方受目标客户需求"最大公约数"的原则驱动，服务对象主要集中在中青年群体，而选择性忽视了老年人的需求，导致老年数字智能设备和服务存在供需不匹配、设计不适老、质量水平低等不足。以上经济层面的制约和技术层面的壁垒，致使老年人不会、不想、不能、不敢使用数字智能设备，使其成为"数字弱势群体"。因此，我们应坚持"以人为本""科技向善"思维，依托需求拉动机制，引导企业技术创新，增强硬件设备的普惠性与可及性，消除阻碍智慧养老的第一道"屏障"。

(二)社会环境：提升老年群体数字素养的外在支持

社会支持是指人们通过言语或非言语的传播，传递关爱、尊重，帮助受支持者处理生活中遇到的问题，支持主体包括政府、组织机构、企业、社区等正式组织和家人、朋友等个人关系网络。老年群体的数字素养提升需要家庭、朋辈和社会环境的多方支持。本书发现，从家庭角度而言，子女等家人的支持缺失是老年群体数字素养低下的重要影响因素。"子女都在外地，倒是给我买了个智能手机，但不会用，想学也没人教"（A25-74）；"孩子每天回来很晚，根本没空（教），有时间多了不耐烦"（A25-38）。由

跨越数字鸿沟：老年融合出版的机遇与策略 ▶▶▶▶▶

此可见，尽管基于心理情感的接近性及地理空间的邻近性，子女等家人能为老年群体使用数字设备提供及时有效的资源和帮助，但随着城市化进程的发展，空巢、独居老人占比逐渐攀升，子女等家人缺位问题凸显。加上代际思想观念、思维方式、生活习惯等存在的巨大差异，使很多家庭的数字反哺难以持续发生。从社会层面看，公众普遍存在"老年人是落伍者，刻板顽固"的先验观念及认知偏见。"我喜欢尝试新鲜事物，前些日子去银行开通数字货币，营业员说像我这个年龄的几乎没人办理"（A12-401）。朋辈影响方面，老年人社交圈子比较小，熟悉的人际关系会给他们的行为选择带来重要影响，"身边同龄人用智能手机的不多，大家都感觉没有必要"（A16-40）。此外，隐私泄露、网络谣言、网络欺诈、维权困难等也容易使老年人陷入困境，"不会辨别网络信息的真伪"（A3-201），"兵团战友介绍的养老项目，没想到主办方卷钱跑路了，怎么办啊？"（A22-181）。简言之，家庭中子女数字反哺的缺位、朋辈的认同偏好、社会公众对老年人的认知偏见，以及政策层面的监管缺失、公共服务不完善等方面的钳制，使老年群体在数字融入过程中很容易陷入"锚定陷阱"。

（三）效能感知：提升老年群体数字素养的内驱动力

阿尔伯特·班杜拉（Albert Bandura）将自我效能感知定义为个人对进行某项行为自身所具有的条件、信念或主观感受能力的主观评估。本书发现，老年群体的生理机能严重影响了其数字智能设备的使用效能，"字号看不清、声音也太小了"（A10-64）；"功能太复杂了，今天学会明天又忘了"（A16-295）。此外，老年群体数字素养还受性别、户籍、受教育程度、居住情况以及婚姻状况等人口变量的影响，"那时在农村，女孩子哪有几个上学的，现在看不懂也不会用（智能设备）"（A17-98）；"自从老伴走后，家里只剩我一个人，干什么也提不起兴趣，没心思学"（A20-304）。以上种种因素导致老年群体在数字融入过程中出现自信心不强、内驱力不足、效能感较低等现象。在人机交互时代，人的视觉、听觉、触觉在智能技术使用过程中尤为重要。但老年人成长在一个非数字化时代，对数字化的观念、认知和态度存在一定偏差。比如，很多老年人认为数字技术难以掌握，或者是不安全的。而且随着年龄增长，老年群体的生理机能持续衰退，记忆力和学习能力也随之衰减，行为模式与生活方式较为固化，加上受自身受教育程度、生理技能、认知水平等主客观因素的限制，严重影响了其自我效能感和主观评价，从而制约了数字素养水平。事实上，个体的效能感知是智慧养老的内驱动力，也是智慧养老活动的起点，只有从内心深处理解和接受数字融入的必要性，才能激发自身发展积极性，进而推动老年群体顺利融入数字时代。

（四）教育培训：提升老年群体数字素养的调节中介

教育培训是提高数字素养和数字技能的基石。然而，目前老年群体的学习动机和兴趣意愿整体不高，一方面由于现有老年教育资源不足，尤其是乡村或偏远地区，不但缺乏数字化的基础设施和服务支持，而且对老年群体的数字技能培训几乎完全空白，"确实也想学，但老年大学报不上名，村里社区没组织，周边老人也大都不会，想学无门啊"（A20-304），由此导致他们没有机会学习数字知识技能。另一方面缘于随着年龄的增长，老年群体对数字知识技能的学习兴趣和融入意愿均呈下降趋势，导致他们在面对新技术、新知识时常常以"年纪大了，手脚不听使唤，还一身毛病，脑子也记不住，老学不会"（A16-49）等自嘲，觉得自己被社会边缘化。与此相反，老年群体的数字技术知识、技能素养水平越高，使用数字智能设备的能力越强，对技术更新迭代的适应力越强，也越愿意学习数字知识技能，"很早就学会使用智能手机了，感觉自己和年轻人没什么区别，还帮助了很多同龄人"（A14-306）。加强老年群体数字素养教育，可以帮助他们树立正确的信息媒介使用意识，同时锻炼其使用技能，不断消除其与子女、社会间的数字鸿沟，缓解其信息焦虑，使其更好地融入数字社会。这也从侧面解释了近年来研究者研究发现的信息资源和知识获取上存在的差距导致社会分化、社会排斥、社会不平等层面的深层次原因。

（五）数字素养：消弭老年群体数字鸿沟的必然结果

构建全民终身数字学习体系，老年教育是重要的组成部分。通过信息媒介知识和能力的普及与培训，我们能帮助老年群体消弭数字鸿沟，增强他们的获得感和幸福感。当前老年群体受主客观因素的叠加影响，普遍缺乏数字技能，数字素养水平较低，一方面表现为感知障碍导致的科技恐惧，"年龄大了，不容易学会"（A3-76），"不敢乱动，怕戳坏了"（A10-109）；另一方面表现为行为障碍形成的数字排斥，"试了几次老记不住，时间长了就不想去试了"（A25-217），这无形中加大了他们参与数字化的难度。而且一些老年人也许出于身体机能下降、生活压力增大等原因，缺乏学习数字技能的积极性。与此同时，老年群体数字素养水平也对社会经济条件、家庭和社会环境以及自身生理心理状况提出了更高的诉求，"别看我83岁了，但一直不断学习新事物，也坚持锻炼，我拍的视频号有一万多粉丝"（A26-237）。由此可知，从发展过程看，完整的数字融入需要经济条件保障、环境支持、动机引发、教育调节，最终形成数字素养，各阶段环环相扣，不可分割，综合作用，以消弭数字鸿沟，实现数字融入。

综上所述，老年群体的经济物质条件相对匮乏、家庭和社会环境缺位、个体效能感知低下、教育培训不足等，成为该群体数字素养低下的主要制约因素。由此得知，老年群体数字素养水平是物质条件、社会环境、效能感知和教育培训多重因素综合作用的结果，遵循着"条件—环境—动机—行为—结果"的逻辑链条，其中物质条件是基础保障，社会环境是外在支持，效能感知是内驱动力，教育培训是调节中介，它们共同决定和影响了老年群体数字素养水平。数字素养反过来也对其他要素发挥重要的推动作用，以强大的聚合能力推动老年群体从"数字认同"到"数字参与"，再到"数字融入"。

第六章

老年群体的媒介素养研究

第六章　老年群体的媒介素养研究

第一节　媒介素养的概念与意义

在某种意义上，人类的发展史也是一部媒介发展史，人类历史的进程也映射出媒介进化的脉络。在远古时期，从猿到人的演变在艰苦的自然环境下逐步实现。这一过程不仅考验了我们的祖先在肉体和智力上的极限，还促使他们必须团结协作。因为自诞生之日起，人就是社会性的存在。然而，与科幻作品中的情节不同，人类并不具备超自然的信息传递能力，不能仅凭思维波动或眼神交流便瞬间达成理解。相反，我们需要依赖各种物质中介来传递信息，构建沟通的桥梁。这些物质中介正是我们对"媒介"概念最初且根本的认识。

一、媒介素养的概念和内涵

在深入探讨媒介素养之前，我们必须先对"媒介"这一概念有清晰的认识。媒介作为连接人与人、人与物、物与物之间互动的桥梁，是一种能够促成联系和交流的物质工具。媒介理论家马歇尔·麦克卢汉（Marshall McLuhan）和媒介理论家尼尔·波兹曼（Neil Postman）一致认为，媒介是一种符号结构或社会环境，在某种情况或条件下被用来定义人类互动和文化生产。从此视角出发，媒介泛指一切能传递信息、思想或文化的物质载体，既包括传统的图书、报纸、广播、电视等，也包括互联网、社交媒体等。马歇尔·麦克卢汉在提出"媒介是人的延伸"的同时，也论证了"延伸人体的都是媒介"，强调了媒介本身对社会和文化的深远影响，认为媒介的形式和特性能够改变与塑造人们的交流方式和社会结构。在传播学意义上，媒介通常被理解为那些用于存储和传播信息的具体物质工具，如广告媒介。媒介不仅是传播信息的渠道，还深刻影响着信息的传播方式和接收者对信息的理解。移动互联网的发展和社交媒体的普及，有效打破了传统大众媒体对信息传播时空、资源、渠道的垄断格局，受众拥有了前所未有的自主选择权。他们能够通过选择多样化的信息渠道，自由定制属于自己的、高度个性化的"个人媒介系统"，并根据自己的生活节奏来安排日常媒介消费。由此可见，媒介是一个复杂而多维的概念，不仅包含物质层面的工具，也涵盖其在社会文化层面上的广泛影响。当前，媒介的研究涉及信息的传递、采集、处理和分发等各个环节。

　　媒介素养的概念最初源于20世纪30年代。英国传播学者F. R. 利维斯与其学生丹尼斯·汤普森出版了《文化和环境：批判意识的培养》一书。这本书被定义为媒介素养的开山之作。1992年，美国媒介素养研究中心对这一概念进行了深化：人们面对不同媒介中的各种信息时所展现的选择能力、理解能力、质疑能力、评估能力、创造和生产能力以及思辨反应能力。具体来说，媒介素养包括以下五方面：一是媒介技术的基础技能，指接触和使用媒介手段或设备的能力；二是媒介信息的识读能力，指对各种信息文本的阅读和理解能力；三是媒介信息查询收集能力，指快速有效地获取所需相关信息的能力；四是媒介信息的选择能力，指在信息海洋中选取有价值信息的能力；五是信息内容的质疑和批判能力，指对各种信息源的动机、目的、背景的了解以及对媒介信息生产过程中各种因素的分析能力。这个定义不仅突出了受众在面对媒介内容时应持有的批判性思维，也赋予了他们作为媒介环境参与者的能动性与主动性。这一全面而深刻的见解已成为当前公认的媒介素养概念的核心。总之，媒介素养是指个体在面对媒体信息时所表现出的一系列能力和素质，是现代社会公民素养和公民教育的重要组成部分。它不仅关乎个人的信息处理能力,也关系到社会整体的信息环境健康和社会进步。

　　媒介素养于20世纪引入中国以来,国内学者紧密结合我国媒介环境的不断演变,展开了深入且持续的探讨。卜卫教授是国内最早关注媒介素养及其教育问题的学者之一。他在1997年发表的论文《论媒介教育的意义、内容和方法》不仅系统阐述了媒介素养教育的理念,还追溯了"媒介素养"这一概念在西方的发展历程。值得注意的是,卜卫在其文章中提到的"媒介教育"即后来被人们广泛认知的"媒介素养教育"。从广义上讲,媒介素养教育针对的是广泛的社会大众,而不仅仅是新闻传播领域的大学生和专业人士,后者接受的是更为专业的教育。随着研究的深入,学者们开始关注中国特有的媒介环境和文化背景,探讨媒介素养教育在中国的本土化路径。研究内容涵盖媒介素养的定义、重要性、教育策略、课程设计、教学方法等方面。特别是在互联网和数字媒体日益普及的背景下,学者们强调媒介素养教育应与时俱进,重视网络素养、信息识别能力以及新媒体使用技能的培养。此外,国内学者也关注不同群体的媒介素养状况,如儿童、青少年、老年人等,并针对不同群体提出相应的教育建议。同时,也有研究聚焦于媒介素养与公民社会、民主政治的关系,探讨媒介素养对促进公民参与社会发展的积极作用。总体来说,国内学者对媒介素养的研究呈现出多元化和深入化的特点,为提升国民媒介素养提供了理论支持和实践指导。

二、媒介素养与其他相关概念的辨析

　　随着互联网的普及和传播技术的发展,媒介素养概念也在不断地发展和扩展,出现了信息素养、网络素养、数字素养和智能素养等相关概念。它们既相互关联又有所区别,彼此之间存在交集,但也有各自独特的侧重点。

（一）信息素养

信息素养通常指个体识别信息需求、找到所需信息、评估信息质量、有效使用信息的能力。这里的"信息"是一个广义概念，包括通过各种方式（不局限于媒介）获取的所有数据和知识。信息素养侧重于信息的检索、处理和使用过程，是一种更为广泛的认知技能。

（二）网络素养

网络素养专指个体在使用互联网这一特定媒介时的技能，包括搜索信息、评估网络资源、理解网络环境的特性、安全地使用网络等。网络素养可以看作媒介素养的一个子集，特别关注网络环境下的信息交流和安全问题。

（三）数字素养

数字素养主要指的是个体在数字环境中工作、交流、解决问题和创新的能力。它涵盖使用数字技术进行信息检索、信息处理、网络交流以及内容创造等。它不仅涉及技术操作技能，还包括了解数字环境中的行为准则、安全意识和伦理责任。

（四）智能素养

智能素养是指人们理解人工智能运行方式的能力以及人机协同工作时的态度、情感、技能和价值观的综合表现。它关注个体的整体认知能力，包括批判性思维、创造性思维、解决问题和有效沟通能力等。智能素养使个体能够在各种情境下灵活运用知识和技能，进行独立思考和终身学习。

总的来说，以上素养都是21世纪信息社会中个体需要具备的关键能力。其中媒介素养侧重于媒体内容的理解和生产；信息素养侧重于信息的获取和利用；网络素养侧重于特定互联网环境下的技能；数字素养涵盖使用各类数字技术的广泛能力；智能素养侧重于对人工智能的整体认知能力及使用技能。虽然它们各有侧重，但在实际应用中通常是相辅相成的，共同构成了一个综合的现代信息处理能力体系。

三、媒介素养的发展历程

媒介素养的发展历程可以大致分为以下几个阶段。

（一）保护主义阶段（20世纪三四十年代）

这一阶段的文化学者们认为大众媒介所传播的信息可能会对受众特别是儿童产生负面影响。为了保护他们免受不良信息的侵害，文化学者们开始提倡媒介素养教育，目的是训练青少年抗拒现代流行文化所提供的"低水平满足"，培养他们对媒介信息的批判性思维和免疫力，以保护本国传统文化价值观念。

（二）分析范式阶段（20世纪五六十年代）

随着大众传媒的迅猛发展，人们开始意识到并不是所有的媒介内容都是有害的。于是，媒介素养教育的重心逐渐转向帮助受众提高对媒介内容的分辨力，引导他们如何在接触媒介时去其糟粕、取其精华。

（三）解码范式阶段（20世纪七八十年代）

随着互联网技术的发展以及参与式文化的渗透，媒介素养更关注受众利用媒介这一工具进行互动交往、参与社会公共领域的能力。人们开始强调社会权利和行动建构对媒介素养教育的影响，鼓励受众通过媒介参与社会公共事务，并对媒介信息进行批判性的思考和解读。

（四）赋权增能阶段（21世纪至今）

进入21世纪后，随着数字媒体和社交媒体的普及，媒介素养教育开始强调终身学习的理念。人们认识到媒介素养是一项必须从娃娃抓起且贯穿终身的教育，是现代社会公民的基本素养之一。媒介素养教育的内容和形式随着技术的进步和社会的发展而不断更新和深化。

由此可见，媒介素养的发展历程是一个逐步演化和深化的过程，随着媒介技术的进步和社会环境的变化而不断发展。如今，随着数字媒体的普及和网络文化的兴起，媒介素养的概念已经全面涵盖了上述几个范式，并出现了 1+1>2 的综合效果。

四、数字时代提升公民媒介素养的意义

随着信息技术的飞速发展，媒介在我们的日常生活中扮演着越来越重要的角色。媒介的形式从传统的报纸、广播和电视演变到如今的互联网和社交媒体。它们不仅成为我们获取信息的主要渠道，更是我们沟通交流、娱乐休闲的重要平台。在数字时代，提升公民的媒介素养具有深远的价值和意义。

（一）增强信息获取与传播能力

以智能手机为代表的智能媒介不仅改变了我们获取信息的数量，也大大提高了我们对信息的掌握和选择能力。媒介素养的水平直接关系到我们获取和传播信息的效率。具备较高媒介素养的人能够快速筛选出有价值的信息，并有效地将其传播给他人。

（二）提升思维与认知水平

媒介素养影响着我们的思维方式和认知能力。互联网相当于一个庞大的信息资源库。面对海量信息，具备较高媒介素养的人能够运用批判性思维，辨别信息的真实性、准确性和客观性，从而避免被虚假信息误导。

（三）促进身心健康发展

媒介素养与我们的心理和身体健康息息相关。具备较高媒介素养的人能够合理地利用媒体信息，培养健康的媒介使用习惯，更好地维护自己的权益。同时，具备较高的媒介素养有利于提高个人对媒介内容的分析能力和鉴赏能力，有利于个人正确处理媒介信息，塑造健康的心态和价值观，避免沉迷于网络、过度消费等不良行为，保持身心健康。

（四）提升社会参与度

媒介素养会影响我们的社会交往能力。在互联网时代，人们越来越多地通过媒介进行交往。具备较高媒介素养的人能够更好地利用媒介与他人建立良好的沟通和合作关系，积极参与网络社区建设。

由此可见，在数字时代背景下，提升媒介素养不仅是个人成长的需要，也是社会发展的必然要求，对个人、社会乃至国家都具有重要意义。

第二节 老年群体的媒介素养现状

2023年6月，一部展示老年群体爱情的电影《我爱你！》上映，触动了无数观众的心。影片不仅讲述了四位老人的浪漫爱情故事，还细致地描绘了他们在这个媒介技术迅猛发展的时代中的生活状况。主人公之一常为戒，作为一个时兴的空巢老人的代表，对智能手机的使用驾轻就熟；与其形成鲜明对比的拾荒老人李慧如，使用的是已被时代淘汰的按键手机。影片的最后，按键手机向智能手机妥协，这一转变不仅反映了老年群体在数字时代中的适应与挑战，也映射出他们在快速演进的数字媒体浪潮中可能被边缘化的困境。

一、老年群体对媒介的认知与新闻传播规律一致

首先,老年群体和新闻传播都强调信息的真实性和客观性。老年群体通常更倾向于相信权威媒体和可靠的信息来源,对虚假信息和谣言的识别能力较弱,容易受到虚假信息的误导。其次,老年群体和新闻传播都关注重要事件和社会问题。老年群体对时事和社会问题的关注度较高。他们通过新闻媒体了解国家大事、民生问题,从而更好地适应社会变化,保持与时代发展的紧密联系。与此同时,新闻传播也在关注老年群体的需求,为他们提供有针对性的新闻资讯。最后,老年群体和新闻传播都强调信息的及时性和时效性。老年群体需要及时了解国内外以及身边发生的重要事件,以便跟上时代的步伐,丰富自己的生活。新闻传播的时效性对于老年群体来说尤为重要。因为他们曾经是社会的中坚力量,对国家和社会的发展有着深刻的理解。随着时间的推移,子女忙碌于工作,老年群体的社交圈子逐渐缩小,他们更加依赖新闻传播来了解外部世界。

二、老年群体的媒介接触行为与媒介认知之间存在差异

首先,老年群体在媒介接触行为上表现出较大的差异。一部分老年人倾向于使用传统媒介,如报纸、电视和广播,他们认为这些媒介信息量大、可信度高。另一部分老年人更喜欢使用新兴媒介,如智能手机、平板电脑等,他们认为这些媒介方便快捷,可以满足日常生活需求。其次,老年群体在媒介认知上也存在分歧。一部分老年人认为媒介传播的信息真实可靠,可以作为获取知识、了解世界的重要途径。他们善于运用媒介增进与亲朋好友的关系,分享生活点滴,充实自己的生活。另一部分老年人则对媒介持谨慎态度,他们认为媒介传播的信息未必真实,有时甚至存在虚假宣传和误导,容易上当受骗。因此,他们在使用媒介时会加以筛选,避免接触

不良信息。这种矛盾现象背后，既有老年群体个体差异的原因，也与我国媒介发展现状及社会环境密切相关。一方面，随着科技的发展，媒介形态日新月异，老年群体需要时间去适应和接受。另一方面，社会环境的变化使老年群体面临诸多风险，他们需要在媒介接触与认知上找到平衡点，以保护自身利益。

三、老年群体的媒介消费呈多元化趋势

随着数字时代的到来，老年人在媒介消费方面呈现出不同的需求和偏好。他们不仅使用电视、报纸、广播等传统媒介，同时也热衷于使用智能手机、平板电脑等数字设备来获取信息、进行社交互动等。一方面，老年人通过电视等传统媒介获取新闻、天气、健康等信息，同时也会通过社交媒体与亲友保持联系，分享生活中的点滴。另一方面，随着在线教育的普及，老年人开始越来越多地利用互联网学习新知识、提升自身素质。此外，老年人还热衷于使用一些专门针对他们设计的应用程序或服务，例如养生保健类应用、老年购物平台等。这些应用或服务能够满足老年人在健康、生活等方面的特殊需求，使他们更加便捷地获取信息和服务。

四、老年群体的媒介素养发展具有盲目性

老年群体的媒介素养发展通常处于自发状态。这主要是由于他们相对较晚接触和使用新媒体，在接受新技术和新知识时可能面临一定挑战。调查发现，在回答"您认为网上看到的照片或视频是否可被编辑或篡改"这一问题时，约63.7%的老年人认为这些照片或视频是真实且无法被篡改的。此外，由于退休后缺乏系统的学习和培训机会，老年人的媒介素养发展相对滞后。因此，老年群体的媒介素养发展在很大程度上依赖个人的主动性和自发性。他们需要在日常生活中不断探索和学习，逐步提升自己的媒介

素养。然而，这种自发的学习过程可能进展缓慢，且容易受到个人兴趣、认知能力等因素的影响，存在一定的盲目性。针对这一问题，开展系统的媒介素养教育显得尤为必要，以帮助老年人更好地适应数字化时代。

总之，老年群体的媒介素养现状揭示了他们在媒介认知、接触行为和消费方面的特点。他们对媒介的认知与新闻传播的规律在信息的真实性和客观性、重要事件和社会问题的关注度以及信息的及时性和时效性等方面是基本一致的，但在媒介接触行为与媒介认知之间存在一定的矛盾，他们在媒介消费方面呈多元化趋势，媒介素养发展处于自发状态，需要进行系统的媒介素养教育。

第三节 老年群体媒介素养面临的挑战

对老年群体而言，媒介素养不仅涉及传统的电视、广播和报纸的收看收听，还涉及互联网、社交媒体和其他数字平台的使用。受年龄、教育背景、经济状况和技术熟练度等因素的影响，在智媒时代，新媒介平台在为老年群体提供便捷和娱乐的同时，也伴随着一些不容忽视的问题。

一、对新媒介的认知有限

相较于其他年龄层，老年人对新兴技术和媒体表现出浓厚的兴趣和强烈的需求。然而，许多老年人对新媒体的认知仅停留在其娱乐功能上，比如观看视频、玩电子游戏等，而对新媒体在信息获取、交流沟通等方面的作用缺乏了解。这种认知限制影响了他们的生活质量。他们可能无法及时获取最新的医疗、养生、社区活动等信息，也无法享受到在线购物、预约挂号等便利服务。此外，在数字化时代，许多公共服务、社交活动都与新媒体息息相关。老年人如果无法适应这种变化，就可能产生孤独感、落伍感，难以实现数字融入。加强老年人对新媒介的认知，有助于他们更好地适应新时代，也有利于社会和谐发展。

二、新媒介接触率低

出于生理和心理等方面的原因，老年群体的新媒介接触率较低。生理上，随着年龄增长，老年群体的视力和听力下降，导致他们使用新媒介不便。心理上，老年群体更倾向于传统的信息获取方式，如电视、报刊等传统媒体，因为这与他们长期形成的认知和习惯相契合。这种低接触率可能使老年人在获取信息和享受科技便利方面受到限制。尽管新媒介提供了丰富的、实时的信息，但老年人可能会错过这些信息。此外，随着科技的发展，新的应用和平台不断涌现。很多老年人对此可能会感到困惑或排斥，从而进一步降低使用新媒介的意愿和频率。即使拥有这些设备，老年人也可能因为缺乏必要的技能而无法充分利用它们。例如，很多老年人不知道如何搜索信息、使用社交媒体或进行在线购物。

三、技术应用能力不足

作为数字弱势群体，老年人普遍面临新媒体技术使用的难题。随着新媒体技术日新月异，人们的生活模式发生了根本性的变化。然而，在这一变革中，许多老年人缺乏对新技术的深入理解和实际操作能力。例如，他们不会使用智能手机，不熟悉网络浏览、线上支付、预约服务等功能，难以跟上新媒体技术的更新换代速度。这种技术应用能力的不足使他们在获取和利用信息上显得尤为困难，在日常生活中也遇到了重重阻碍。不仅如此，与新媒介互动时，他们还需要面对巨大的挑战。这既影响了他们的生活质量，也增强了他们在社会互动中的隔阂感。也有部分老年人沉迷于网络，忽略了现实生活中的人际互动，这可能对他们的身心健康造成负面影响。

四、信息辨别能力较弱

在信息爆炸的时代，老年群体由于缺乏对新媒体信息的鉴别能力，很容易受到虚假信息和谣言的误导，难以做出正确判断和决策。这可能导致他们在日常生活中上当受骗、社交关系紧张，甚至延误病情。研究发现，老年群体的职业与社交圈层、个人信息素养、价值观与信息选择偏好、信息内容来源和呈现方式等均会影响其对谣言辨识的能力。此外，与年轻人相比，老年人更少接触到相关的教育资源和培训课程。由于缺乏足够的网络安全意识和防护措施，他们更容易受到网络诈骗和网络暴力的威胁，这也加深了老年群体的数字鸿沟。

五、社交媒体使用障碍

在当今时代，社交媒体逐渐成为日常生活中的重要组成部分。在老年群体中，尽管社交媒体的普及率逐渐提高，但他们往往难以理解和适应这种新兴沟通方式的使用方法与规则。相较于年轻人，他们在学习新技术方面速度较慢，适应能力较弱。这意味着他们在使用社交媒体时，可能需要花费更多的时间和精力去学习如何操作，了解和适应各种功能；在与年轻人进行沟通交流时，往往存在代沟和价值观差异，难以真正融入年轻人的圈子，甚至可能产生误解和冲突；面对社交媒体上的网络暴力、谣言等信息，他们可能会感到无所适从，甚至产生恐慌和焦虑。这种心理压力也可能加剧他们对社交媒体的排斥情绪，进一步影响其使用积极性，使其难以顺利地融入数字时代。

可喜的是，有一部分老年人已经能够自由地通过网络冲浪，享受数字化生活带给其的便利和乐趣。这些老年人通常具有较强的学习能力和适应新技术的意愿。他们通过自我探索、参加培训课程或家人的帮助，逐渐掌握新媒体技术的使用方法。这些老年人能够利用新媒体获取最新的信息、与家人和朋友保持联系、参与社交活动等。他们可能热衷于在线阅读新闻、观看视频、学习新知识，或者通过社交媒体与亲朋好友交流互动。这种积极的参与不仅丰富了他们的晚年生活，也让他们更好地融入了数字化时代。然而，也有一些老年人长时间沉浸在网络冲浪中，过度依赖新媒体，忽视了现实生活中的社交和活动，可能导致孤独感和心理健康问题。此外，过度使用新媒体还可能对老年人的身体健康产生影响，如视力下降、颈椎病等。

总之，老年群体在媒介素养方面的现状显示了老年群体与其他年龄群体以及老年群体之间数字鸿沟的存在。为了鼓励和帮助更多的老年人积极地拥抱新技术，提高他们的媒介素养，社会各界需要共同努力，为他们营造一个包容和关爱的数字环境。

第四节　老年群体的媒介素养提升策略

随着新技术的发展、媒介生态的变化以及新业态的出现，老年群体媒介素养教育的实践面临着新的挑战。当前，我国老龄人口数量增长迅速，他们对新技术接受能力弱，学习速度不如年轻人，且缺乏主动探索动力。同时，针对老年群体的媒介素养教育资源稀缺，既缺专门课程，又少合适资料。在此情况下，提升老年群体的媒介素养至关重要。这不仅能让他们享受数字生活便利，还能帮助他们跨越数字鸿沟，更好地融入社会。

一、建立健全老年群体媒介素养教育政策

政府部门应重视老年群体媒介素养问题，将其纳入老龄化战略规划，制定相关政策，明确各级政府和相关部门的责任，加大对老年群体媒介素

养教育的投入力度。2020年11月,国务院印发的《关于切实解决老年人运用智能技术困难的实施方案》把加强应用培训和开展老年人智能技术教育作为工作重点。此外,我们要鼓励社会各界积极参与老年群体媒介素养教育的发展,为老年人提供更多的学习资源和机会。这些工作本质上都是为了提高老年人的媒介素养水平。

二、建立完善老年群体媒介素养课程体系

在课程内容方面,我们应依据老年人的特点和需求,设计适合他们的媒介素养课程内容,涵盖信息识别、网络安全、健康传播等方面,如教授他们如何使用智能手机、如何识别假新闻、如何保护个人隐私等。在教学方法方面,我们应注重实用性、趣味性和针对性,使用简单、易懂的语言而非复杂的术语来讲授,以实践为主,多采用老年人熟悉的例子,多让老年人亲自操作和体验,让老年人在学习过程中易于理解和掌握。老年人不像年轻人那样能快速掌握新技术,因此重复教学是很有必要的。在教育途径方面,我们要通过线下讲座、互动式学习小组、线上课程等多种途径对其进行教育,以满足不同老年人的学习习惯和需求。

三、提高老年人的媒介信息处理技能

随着互联网的普及,老年人需要学会通过网络获取娱乐、社交等方面的信息,以满足他们的精神文化需求。我们要开展适合老年人的信息技术培训,使他们能够熟练地使用搜索引擎、浏览网页,提高信息获取的效率。此外,微信、支付宝等社交支付软件在现代生活中不可或缺,老年人需要学会使用这些工具与子女、朋友保持联系,休闲娱乐。通过培训,我们要使老年人能够熟练掌握这些数字沟通工具,提升他们的社交能力。

四、增强老年群体媒介素养教育的协同性

除了政府，社区、企业、社会组织、家庭及老年人等各方应共同参与，构建多元主体有机结合的老年群体媒介素养教育体系。社区中心、老年大学、养老院等要积极开展面向老年人的媒介素养教育活动；企业要加大技术创新力度，推出更多适老化数字产品与服务；加强老年群体媒介素养师资队伍建设，在高校和职业培训机构中开设媒介素养教育相关的专业与课程，培养一批专业的媒介素养教育人才，以支撑老年群体教育的需要；子女要关心老年人的数字生活，通过媒介教育代际反哺引导他们正确使用媒体，养成良好的上网习惯；媒体要承担社会责任，传播正能量，营造有利于老年人健康成长的网络环境。

通过以上措施，我们有望逐步构建一套适应老年人需求的媒介素养教育体系，提高我国老年群体的媒介素养，使他们更好地融入数字化社会，享受科技进步和智慧养老带来的便捷和快乐。

延伸阅读

世界各国的媒介素养教育

20世纪90年代初，联合国教科文组织在《世界交流报告》中倡导在全世界范围开展媒介素养教育，并开发了"大众媒介教育课程模型"。在其倡议下，西方诸多国家将媒介素养教育纳入国家教育体制之中，并在教育课程开发与研究上积累了丰富的成果和经验。

早在欧盟正式成立之前，欧洲各国便开始根据本国实际情况制定并实施一系列符合当地需求的媒介素养教育策略，以应对媒体给社会带来的挑战。英国、芬兰、瑞典、爱尔兰等国家的媒介

素养教育在国际上享有盛誉。比如英国的媒介素养教育从小学一直延伸到高中和大学，以强调批判性思维和个人表达为核心，在课程设计上鼓励学生分析媒体内容、了解媒体的运作机制，并培养他们创造媒体产品的能力。芬兰将媒介素养教育纳入国家教育大纲，并将其视为基础教育的一个重要组成部分。其媒介素养教育不仅关注媒体内容的理解和分析，还注重培养学生的合作与交流技能，以及如何安全和负责任地使用媒体工具。瑞典的媒介素养教育侧重于理解媒体的社会作用和文化意义，通过提供教师培训和教学资源来支持媒介素养的教学，旨在教育学生如何分辨不同媒体的信息，并鼓励他们以积极的姿态使用媒体。爱尔兰的媒介素养教育注重实践和参与，学校课程中通常包含制作媒体内容的项目，如视频制作、广播和新闻写作，安全地使用网络和社交媒体等。这些国家通过不断创新课程、提供政策支持和进行专业发展，确保学生能够适应不断变化的媒体环境，并具备必要的知识、技能和态度。

20世纪90年代，欧盟成立后，陆续出台了一系列旨在打击互联网不良信息、保护青少年和维护个人信息安全的政策文件，以应对互联网时代的各种威胁。此外，欧盟还在跨国层面推行了一系列媒介素养教育政策，进一步促进了该领域在欧洲的发展。除了欧洲，美国、加拿大、澳大利亚、日本等国家在媒介素养教育方面也展现出了显著的进步和成效。在美国，媒介素养教育通常集中在课程中，鼓励学生评估媒体信息的来源、目的和可信度，培养他们独立制作媒体内容的能力，并且强调批判性思维和媒体信息的主动解析。一些特定组织和项目［如新墨西哥州阿尔伯克基市媒体素养项目（Media Literacy Project.org）等］专注于提升教师和学生的媒介素养技能。加拿大被普遍认为是全球媒介素养教育的先驱之一，其媒介素养教育非常全面，旨在帮助学生理解媒体文本是如何制作的，它们如何影响受众，以及受众如何与媒体互动。澳大利亚的媒介素养教育注重媒体的社会用途和文化影响，课程设计包括教授学生分析和创造媒体内容的技能，同时强调数字技术和社交媒体的安全使用。澳大利亚还通过各种专业发展计划支持教师提高媒介素养和教学能力。日本的媒介素养教育重视信息技术的利用和伦理问题，旨在教导学生如何有效利用媒体资源，并理解与媒体相关的社会责任和伦理问题，课程内容涵盖网络礼仪和个人信息保护等方面。

（资料来源：作者综合整理）

第七章

老年群体的阅读需求与阅读行为

第一节　老年群体的阅读媒介平台

一、"全民阅读"背景下老年阅读的意义

2022年4月23日，首届全民阅读大会召开之际，习近平总书记在贺信中指出："希望全社会都参与到阅读中来，形成爱读书、读好书、善读书的浓厚氛围。"阅读作为获取知识、增长智慧的重要方式，是传承文明、提高国民素质的重要途径。自2014年起，"全民阅读"已连续11年被写入政府工作报告。近年来，社会各界共同努力，人民群众广泛参与，全民阅读工作格局进一步巩固，形成了共建书香社会的良好局面。在这一背景下，阅读作为文化养老的重要一环，对优化老年人精神生活、提高生活质量、促进社会和谐和终身学习具有重要意义。

首先，老年阅读有助于优化老年人的精神生活。退休后，多数老年人已经离开工作岗位，步入颐养天年的第二个生命春天。对他们来说，如何在保养好身体的同时拥有美好的精神生活，成为人生新的发展方向。阅读作为一种高雅的文化活动，能够引导老年人走进知识的殿堂，满足他们的求知欲，使其感受文化的魅力。通过阅读，老年人可以了解时事、历史、文学等各个领域的知识，拓宽视野，丰富内心世界，提高生活质量。

其次，老年阅读有助于提高老年人的生活质量。阅读对老年人的身体

健康有积极影响。研究表明，定期阅读可以减轻老年人的抑郁症状，而勤奋读书和思考能够显著增强思维能力和记忆力。通过阅读医疗保健方面的图书，老年人可以系统地学习相关知识，从而在生活中规避各种不良因素的影响。这对促进他们的身体健康大有裨益。此外，阅读还能帮助老年人树立更加积极的生活态度，减少孤独感，提高生活的独立性，增强自我效能感，进而增强自尊心和社会参与感。通过参加读书会或相关讨论小组，老年人可以与他人交流思想、分享感受。这种社交互动有助于他们保持良好的社会联系，对于维持高质量的生活至关重要。

再次，老年阅读有助于促进社会和谐稳定。文化养老是提升老年人道德修养、培养其爱国情怀的有效途径，对构建和谐社会具有重要作用。老年人作为社会的重要组成部分，积累了丰富的人生经验和知识。通过参与阅读推广活动，他们能够将个人的经验与传统文化相结合，形成独特的文化现象，从而为传统文化的传承和发展注入新的活力。同时通过阅读，老年人能够更加深入地了解国家和社会的发展动态，这增强了他们的社会责任感和归属感，进而提升了他们的文化素养和道德水平，使他们成为传递正能量的社会楷模，促进了社会的和谐稳定。

最后，老年阅读有助于促进终身学习。老年阅读推广不局限于老年人个体，还应鼓励家庭成员和社会各界共同参与，共同营造一个全社会支持老年阅读的良好氛围。这种积极的社会氛围有助于推动全民阅读理念的普及，使阅读成为一种普遍和持续的生活方式。老年阅读是终身教育理念的重要体现。终身教育强调学习是一个持续不断的过程，而阅读无疑是实现终身教育的重要途径之一。推广老年阅读，可以打破年龄界限，让老年人继续参与社会化的学习过程，不断提升自我，实现个人价值。这不仅有助于老年人保持心智活力和知识更新，也能使年轻一代认识到学习没有止境，鼓励他们保持对知识的渴望和对生活的好奇心。

综上所述，老年阅读是文化养老的重要组成部分，不仅提升了老年人的生活质量，也为社会和谐稳定提供了积极的支撑，还是推动终身学习、建设学习型社会的有效途径。

二、老年群体的阅读媒介平台有哪些

在人类社会的发展历程中，媒介作为一种信息传递的工具，塑造了我们理解世界、与他人交往、组织行动、运作权力的方式，始终扮演着至关重要的角色。从最初的口头传播、文字记载到后来的印刷媒体、电子媒体，再到如今的新型媒体，媒介形态在时代演进中持续丰富与嬗变。当前，我国媒体产业进入平台化时代，老年群体的阅读媒介平台日益丰富多样。

（一）传统媒介平台

传统媒介平台涵盖广播、电视、报纸、杂志以及传统图书出版等多种形式。与年轻一代相比，老年人在媒介使用上更偏爱这些传统渠道，成为最忠实的观众和读者。这种偏好的形成，部分原因在于老年人的生活范围相对较窄，拥有更多自由时间，且参与社会活动的机会相对减少，但他们与外部世界沟通的愿望强烈。随着年龄的增长，老年群体的身体功能可能会有所衰退，这导致他们对文化生活的需求不仅限于内容本身，还扩展到了内容的呈现方式。

1. 老年报刊

报纸和杂志长久以来一直是满足老年人对新闻、信息、健康和文化等方面需求的主要载体，也是出版行业最基础、最核心的产品。2003年6月，中国报业协会老年报分会经民政部批准成立，涵盖全国各省、自治区、直辖市所有正式出版刊号的涉老报刊，包括《中国老年报》《快乐老人报》《中国老年》《新浪潮·老朋友》等。通过阅读老年报纸和杂志，老年群体能够及时了解国内外大事、掌握养生之道、发展兴趣爱好。

2. 广播电视

广播以其伴随性特点和迅速的传播速度，为老年群体提供了方便快捷的信息获取方式。电视结合视觉和听觉的双重优势，以其形象直观、易于理解的特性，深受老年群体喜爱。这类节目除了在播放内容、播放时间、播放频率等方面更加契合老年人需求，有的还开设读书节目，介绍图书并提供阅读材料。

3.老年图书

在传统图书出版方面，针对老年读者的实体书在设计上往往考虑到他们的特殊需求，采用大号字体、宽松行距，同时在选择纸张和开本时也力求减轻图书重量，以消除老年人阅读时可能遇到的障碍。随着数字技术和传播媒介的发展，图书行业正逐渐从传统的纸质阅读模式转变为集场景、电子、有声等阅读方式于一体的新型智能化全民阅读空间，以推动全民阅读的融合发展。

以上传统媒介具有操作简便、内容可靠、习惯形成、社交功能等特点，不仅是老年人获取信息和娱乐的重要渠道，更是他们日常生活的重要组成部分，满足了他们在内容及呈现形式上的多元化需求。

（二）数字化媒介平台

随着互联网技术的日益普及和新媒体平台的不断涌现，传统媒介正面临着前所未有的挑战，如受众流失和影响力衰减。在此背景下，依托数字技术发展起来的新兴媒介平台，通过计算机网络、移动通信以及卫星传输等多元途径，提供丰富多样的信息和服务，正逐渐成为老年群体获取信息与娱乐的重要渠道。

1.网络媒体

以新闻网站、门户网站、搜索引擎、博客等为代表的网络媒体，有针对性地为老年群体提供相关阅读信息和服务。网易等门户网站通过适老化改造推出了"关怀版"，增加老年人关心的内容，优化用户界面设计，调整对比度和字体大小，具备语音播报、"一键听新闻"等特色功能，还开发了AI语音技术，使老年人能够通过语音指令发表评论，极大地提升了他们的互动体验和使用便利性。为提升老年用户的使用体验，以搜狗为代表的搜索引擎"老年版"集搜索引擎、新闻阅读、音视频播放于一体，界面设计采用高对比度的视觉元素，还增加了辅助线、放大镜等辅助功能。在博客、虚拟社区等在线交流平台，老年人可以自由地分享自己的生活经验、个人才艺、知识以及独到的见解，实现与他人的信息共享与交流。以国家智慧教育公共服务平台为代表的电子阅读平台，专门设有"无障碍浏览"模式，用户可以自行调整声音、语速、阅读模式、配色、放大或缩小、光标、显示屏等功能，"老年读书社区"提供了贴近老年人需求的优质线上读书资源，供其免费浏览阅读。

2.社交媒体

以微信、QQ为代表的社交平台，不仅是老年人社交互动的热点，更成为他们日常沟通和信息分享的重要工具。以抖音、快手为代表的短视频、直播平台，不但推出"大字模式"，还提供了一系列教育性视频，涵盖健康讲座、退休规划、科技教育等，以生动有趣的内容吸引了众多老年观众。以喜马拉雅FM为代表的音频平台，不仅拥有传统的电台广播，还拥有大量的音频资源，如相声、有声书、音乐、新闻等，为视力不佳或阅读能力有所限制的老年人提供了更为友好和有效的学习渠道。以今日头条为代表的自媒体平台，凭借个性化推荐算法满足了老年人对定制化资讯的需求。针对老年人的新闻、养生、医疗、娱乐等移动应用，为老年人提供了便捷的信息获取途径。以智能音箱、智能家居为代表的人工智能设备，为老年群体提供了更加智能化和个性化的服务。

这些数字化媒介平台凭借其高度互动性、快速的信息传递、广泛的覆盖范围以及个性化的内容定制等优势，成功吸引了包括老年人在内的广泛用户群体。

（三）公共文化设施

1.图书馆

图书馆作为老年阅读的重要媒介之一，致力于为老年人提供多样化的阅读资源和服务。在图书馆中，老年人可以静心翻阅各类图书，从历史的长河中汲取智慧，从文学的殿堂里品味人生。图书馆还定期举办各类与阅读相关的讲座、展览和互动活动，如作者见面会、图书讨论会等，增进了老年人的社交互动，提升了其文化生活质量。图书馆还配备了专业的图书管理员，为老年人提供贴心的阅读指导和服务，确保他们能够充分利用图书馆资源，享受阅读的乐趣。通过这些综合性服务，图书馆不仅为老年人提供了丰富的知识资源，还创建了一个包容、便捷、充满人文关怀的阅读环境。

2. 社区中心

作为老年阅读的新平台，社区中心正逐渐成为老年人精神生活的新家园。这里不仅有宽敞明亮的阅览室，还有各类适合老年人阅读的图书、杂志，满足了他们多样化的阅读需求。社区中心定期组织阅读分享会、文化沙龙等活动，让老年人在交流中感受阅读的乐趣，在分享中增进彼此的了解。同时，社区中心还邀请专家学者为老年人讲解时事、健康等知识，以提升他们的生活质量和幸福感。社区中心还为老年人提供了便捷的网络阅读服务，让他们能够紧跟时代步伐，享受数字化阅读的便利。在这里，老年朋友们可以共同学习、共同进步，度过充实而有意义的晚年时光。社区中心组织的图书交换、阅读小组和文学活动，为老年人提供了交流和学习的空间。通过这些平台和资源，老年人可以享受到更加丰富多样的阅读体验，同时也能更好地融入数字生活。

第二节 老年群体的阅读需求

有人说，"阅读是退休以后的年龄红利"，这句话所言不虚。随着退休的到来，人们有了更多的自由时光，能够心无旁骛地阅读。阅读不仅能为退休生活带来诸多益处，更成为老年时期的一种优势或红利，成为养生、养性、长寿的有效方式。因此，在全民阅读的大环境中，老年阅读占据了重要的位置。与少儿阅读群体需求、中青年阅读群体需求相比，老年群体的阅读需求具有独特性。

一、阅读动机：为四大目标而读书

老年群体的阅读动机可以划分为四个维度：应对挑战、习得知识、自我实现和社会交往。这些维度深刻地体现了他们对生活的积极态度和不断追求。

退休后的老年群体面临着诸多挑战，如应对孤独感、适应快速发展的技术变革等。他们通过阅读学习如何处理这些挑战，例如，通过阅读心理健康类图书来调整心态，或通过学习与科技相关的图书和资源来更好地理解和掌握新技术。随着年龄的增长，许多老年人对知识的渴望并未减退。他们通过阅读历史图书、科学杂志或参与在线课程来满足这种渴望。这种习得知识动机不仅仅是为了娱乐，更是为了保持大脑活跃和跟上时代的步伐。在晚年，许多人仍然追求自我成长和实现那些可能在年轻时未竟的梦想。无论是学习新技能、研究一门语言，还是深入某个专业领域的知识，阅读都成为一个强大的工具，可以帮助群体实现个人目标和提升自我价值。在社会交往方面，阅读为老年人提供了一个与他人交流的平台。通过参加读书会、文学讨论等活动，他们能够与他人分享观点，拓展社交圈，增强社会联系，从而对抗退休生活中可能遇到的隔绝感。

二、阅读内容：倾向于三大领域

调查发现，老年群体在挑选阅读内容时，倾向于聚焦三大领域：健康类、文化教育类以及情感类。这一偏好揭示了他们在信息时代对知识获取、文化涵养、健康维护以及情感滋养的深切期望。

老年人普遍具有较高的健康意识，他们关注养生和健康方面的资讯，希望通过阅读获取健康知识。这种关注不仅体现了他们对身体健康的管理，也反映了追求高质量生活的态度。同时，老年人还希望通过阅读触动心灵，感受到生命的美好，从而提升生命质量。这种情感类的阅读满足了他们对情感联系与心灵慰藉的需要，尤其在面临孤独或社交圈缩小的情况下。尽管认知速度可能随年龄增长而有所下降，老年人对历史、文学、哲学等文化教育类知识的热情却依旧高涨。他们渴望通过这类阅读保持思维活跃，维持一定的文化水平，并寻求智力上的刺激。

三、阅读方式：纸质书仍是最爱

当前，传统纸质书仍是老年人阅读的主要方式。费里斯·贾布尔在《环球科学》上的文章指出，纸质书独特的装帧、厚度、重量、排版，还有用手指来回翻页的触感，甚至墨香，都能帮助大脑增强情景记忆。与电子书等其他阅读载体相比，纸质书有利于速读或扫读，能快速建立认知；能缓解视觉疲劳；可以进行主题性阅读，查阅资料，效率更高；更容易沉浸式阅读，隔绝了干扰；阅读时，可以折角、画线、批注等，帮助促进更多的记忆保留。

随着科技的快速发展，数字阅读正逐渐成为老年阅读的主流选择，为老年人提供了全新的阅读体验。首先，数字阅读设备（如平板电脑和电子书阅读器）为老年人提供了极大的便利。大字体、语音阅读等功能使阅读更加舒适。老年人可以随时随地享受阅读的便利。其次，数字平台提供了海量的阅读资源，老年人可以轻松搜索各种图书、杂志和新闻。这满足了他们对不同类型内容的需求，拓宽了阅读选择范围。再次，社交媒体和在线论坛为老年人提供了分享和交流的平台。他们可以与他人讨论图书，分享阅读心得。最后，数字阅读可以监测阅读习惯，提供个性化的阅读建议。此外，有声书也逐渐被老年群体接受。特别是对于那些阅读传统纸质书可能有困难的老年人来说，有声书提供了一个极好的选择，不仅方便老年人在行走、做家务或是休息时聆听，还能特别帮助视力不佳的老年人无障碍地享受阅读乐趣。调查显示，85.0%的老年人喜欢通过互联网关注时政新闻及各类即时信息，超过1/3被调查的老年人表示会听有声书，有的每天至少听有声书或广播剧一次，听书的目的包括"节省时间""保护视力""调整情绪""轻松娱乐"。

四、阅读地点：最青睐公共空间

老年人的阅读地点多种多样，主要有家庭、图书馆、书店、公园、社区中心等。不同的阅读地点为老年人提供了不同的体验。无论在何处，阅读都是他们享受生活、获取知识的方式。

家庭是老年人阅读的重要场所。在家中，他们可以自由选择阅读内容，享受阅读的宁静。家庭阅读有助于营造温馨的氛围，增进家庭成员之间的交流。截至2020年底，全国共有公共图书馆3212个，群众文化机构43687个，其中乡镇综合文化站32825个。图书馆为老年人提供了安静、舒适的阅读环境，丰富的藏书资源和良好的氛围使图书馆成为老年人学习和交流的场所。对于老年人来说，书店不仅是获取知识的场所，更是社交和参与文化活动的平台。例如，一些书店会定期举办图书推介会、作者见面会、健康讲座等活动。这些活动不仅丰富了老年人的精神生活，还为他们提供了与作者和其他读者交流的机会。这种互动性和参与感是单独在家阅读无法比拟的。公园为老年人提供了放松的阅读环境。在自然的怀抱中阅读，有助于身心放松、享受阅读的乐趣。社区中心的阅读空间为老年人提供了社交的机会。他们可以参加阅读活动，结交新朋友，分享阅读体验。调查发现，新时代的老年人更倾向于"走读"，即走出家门读书。比起待在家里看书，他们更渴望通过各种形式的阅读互动活动，了解更多知识，交到更多朋友，更多地融入社会。

第三节　老年群体的阅读行为

为深入了解智媒时代老年传播现状及老年群体的传播行为，探析老年传播行为的影响因素，本节基于2020年中国老年社会追踪调查（CLASS）数据进行实证分析，以期丰富老年传播理论研究，为老年传播生态系统的发展提供参考。CLASS是由中国人民大学人口与发展研究中心和中国人民大学老年学研究所联合组织实施的一项全国性、连续性大型调查，分别于2014年、2016年、2018年和2020年开展了四次调查，采用分层多阶段概率抽样法对全国各地数百个社区的一万多户家庭进行抽样调查。其中第四次有效样本量为11398人，其中60—69岁为5033人，70—79岁为4745人，80—89岁为1529人，90岁及以上为91人；男性为5748人（占50.4%），女性为5650人（占49.6%）；农业户口占57.7%，非农业户口占42.3%。

一、老年群体的媒介接触率

人口结构越来越"老"，媒介形态却越来越"新"。随着互联网技术的渗透和普及，老年群体的媒介接触与使用频率在不断地发生变化。

从网络普及率看，根据2020年的CLASS调查数据，接近半数的老年家庭实现了网络覆盖，具体比例为48.6%（见表7-1）。这一数据反映出，将近一半的老年人已经开始享受网络带来的便利。然而，相较于中国互联网络信息中心等机构的调查结果，这一比例略显不足。这可能与CLASS调查样本中农村老年人的比例较高（57.7%）有关。由于农村地区的网络发展水平通常不及城镇，这一差异在一定程度上解释了网络普及率的区域性差别。尽管存在这样的区域差异，但老年群体的网络接触率正逐步提升，展现出老年人逐渐拥抱数字化生活的积极趋势。

表7-1 老年人现居住的房屋是否有网络信号（有线或者无线）

问题	频率	百分比	有效百分比
否	5862	51.4%	51.4%
是	5536	48.6%	48.6%
总计	11398	100.0%	100.0%

从上网频率看，我们可以观察到一个鲜明的对比。根据2020年的CLASS调查数据，高达72.6%的老年人从未尝试使用网络，他们依旧倾向于通过电视、报纸和期刊这样的传统媒体来获取信息。然而，与此同时，近三成的老年人已经开始探索数字空间，其中20.0%的老年人甚至每天都有上网的习惯（见表7-2）。这一现象揭示了老年群体内部在媒介接触和使用方面的显著分化。特别是，农村老年人的上网频率明显低于城镇，这可能与网络基础设施的差异以及数字化技能的不均等分布有关。

表7-2 老年人上网频率情况

频次	频率	百分比	有效百分比
从不上网	8280	72.6%	72.6%
每年上几次	65	0.6%	0.6%
每月至少上一次	97	0.9%	0.9%
每星期至少上一次	667	5.9%	5.9%
每天都上	2289	20.0%	20.0%
总计	11398	100.0%	100.0%

在已经触网的老年群体中，通过智能手机上网的比例占据了压倒性的大多数，达到了97.9%。这一比例远超过使用台式电脑或笔记本电脑（8.4%）以及使用平板电脑如Pad或iPad等（5.6%）上网的老年网民（见表7-3）。这一趋势表明，随着互联网时代的全面来临，智能手机因其携带方

便和用户界面的亲和力，已成为老年人接入网络世界的首选工具。与此相对应，手机也是老年人使用相对熟练的上网设备，"比较熟练"和"非常熟练"占比56.9%，而对台式电脑或笔记本电脑"比较不熟练"和"非常不熟练"占比达69.2%，对平板电脑如Pad或iPad"比较不熟练"和"非常不熟练"占比达73.0%。由此可见，智能手机的普及不仅为老年人打开了通往数字化生活的大门，也使他们能够更加轻松地享受到互联网提供的各种服务与便利。

表7-3 老年人上网设备使用情况

问题	设备类型	个案数	百分比	个案百分比
您主要使用什么设备上网	智能手机	2998	87.5%	97.9%
	台式电脑或笔记本电脑	257	7.5%	8.4%
	Pad或iPad等平板电脑	173	5.0%	5.6%
总计		3428	100.0%	112.0%

从社交媒体接触率看，在老年人频繁使用的应用程序（APP）中，微信以86.3%的占比遥遥领先，稳居首位；其次是新闻媒体类APP，使用率达到了65.9%。视频观看已成为老年人上网活动中的主要娱乐方式，超过半数的老年人（54.3%）喜爱观看抖音、火山小视频等短视频平台；快手小视频的观看率为44.5%；西瓜视频等其他视频平台的观看率也有60.7%。在购物支付方面，43.3%的老年人选择线下使用支付宝或微信支付；25.6%的老年人通过购物类APP进行网购。此外，约两成老年人涉足游戏类（22.5%）和交通出行类（20.0%）APP（见表7-4）。这些数据反映出，随着社交媒体的广泛普及，越来越多的老年人开始融入这个数字时代，活跃于各类社交平台。

表7-4 老年人使用应用程序（APP）情况

问题	类型	个案数	百分比	个案百分比
您在过去一周内是否使用过以下应用程序（APP）	微信	2492	19.9%	86.3%
	抖音、火山小视频	1567	12.5%	54.3%
	快手小视频	1285	10.3%	44.5%
	西瓜视频	379	3.0%	13.1%
	新闻媒体类APP	1902	15.2%	65.9%
	购物类APP	740	5.9%	25.6%
	交通出行类APP	578	4.6%	20.0%
	网络相册或视频制作类APP	313	2.5%	10.8%
	游戏类APP	649	5.2%	22.5%
	其他视频观看类APP	1374	11.0%	47.6%
	支付宝或微信支付	1249	10.0%	43.3%
总计		12528	100.0%	433.9%

注：各百分比加总之和与合计值稍有出入，系四舍五入导致。

二、老年群体的媒介使用率

在信息获取方面，电视（84.5%）成为老年人最主要的信息来源，而且年龄越大，对电视的依赖性越强。此外，互联网（11.8%）、广播（2.1%）也是老年人获取信息的主要渠道。通过报纸（0.9%）、手机定制消息（0.4%）和杂志（0.2%）获取信息的占比相对较低（见表7-5）。

表7-5 老年人信息来源渠道情况

问题	类型	频率	百分比	有效百分比
过去三个月，您使用以下媒体的情况	手机定制消息	47	0.4%	0.4%

续表

问题	类型	频率	百分比	有效百分比
过去三个月，您使用以下媒体的情况	互联网	1346	11.8%	11.8%
	电视	9633	84.5%	84.5%
	广播	241	2.1%	2.1%
	杂志	26	0.2%	0.2%
	报纸	105	0.9%	0.9%
总计		11398	100.0%	100.0%

注：各百分比加总之和与合计值稍有出入，系四舍五入导致。

针对"您主要是通过什么途径学会上网的"这一问题，大多数老年人表示主要是通过自己摸索（43.1%）或者家人（如配偶、子女和孙辈）的指导（46.0%）来掌握上网技能。仅有极小部分老年人是通过社区（1.0%）或其他组织（0.2%）举办的学习、培训活动学会上网的（见表7-6）。这一情况说明，在老年群体中，亲情和自我教育是学习网络技能的主要途径，而社区或其他组织的助力作用相对较弱。这提示我们有必要加强对老年人数字化教育的投入，以便让更多的老年人更好地适应这个快速发展的数字时代。

表7-6 老年人学会上网的途径

问题	类型	频率	百分比	有效百分比
您主要是通过什么途径学会上网的	自己摸索	1344	11.8%	43.1%
	从配偶处学习	392	3.4%	12.6%
	从子女或孙辈处学习	1042	9.1%	33.4%
	从其他亲戚处学习	58	0.5%	1.9%
	从朋友、邻居处学习	246	2.2%	7.9%
	社区组织的学习、培训活动	31	0.3%	1.0%

续表

问题	类型	频率	百分比	有效百分比
您主要是通过什么途径学会上网的	社区外其他组织的培训活动	5	0.0%	0.2%
	总计	3118	27.4%	100.0%

注：各百分比加总之和与合计值稍有出入，系四舍五入导致。

在回答"您上网一般会做什么事情"这一问题时，绝大多数老年人（91.8%）表示会使用网络进行语音和视频聊天，超过半数的老年人（61.3%）倾向于通过文字来交流。同时，多达64.1%的老年人会上网浏览新闻，而听音乐或广播以及观看视频的活动也吸引了超过半数的老年人（56.5%）。此外，有42.3%的老年人喜欢在网上阅读新闻以外的各类文章和信息。正如前文提到的，玩游戏（20.8%）和交通出行（17.7%）也是老年人利用网络的主要用途（见表7-7）。这些数据揭示了老年人在使用网络方面的多样化需求和行为习惯，显示出他们正逐渐适应并享受数字化生活带来的便利和乐趣。

表7-7 老年人上网的主要用途

问题	类型	个案数	百分比	个案百分比
您上网一般会做什么事情	语音和视频聊天	2863	23.3%	91.8%
	文字聊天	1912	15.6%	61.3%
	购物	790	6.4%	25.3%
	浏览新闻	2000	16.3%	64.1%
	阅读新闻以外的各类文章和信息	1320	10.7%	42.3%
	听音乐或广播以及观看视频	1762	14.3%	56.5%
	玩游戏	648	5.3%	20.8%
	交通出行	551	4.5%	17.7%
	管理健康	228	1.9%	7.3%

续表

问题	类型	个案数	百分比	个案百分比
您上网一般会做什么事情	投资理财（如炒股、买基金等）	163	1.3%	5.2%
	学习、培训	41	0.3%	1.3%
	其他（请说明）	2	0.0%	0.1%
总计		12280	100.0%	393.8%

注：各百分比加总之和与合计值稍有出入，系四舍五入导致。

三、老年群体的阅读行为感知

在数字媒介化的时代浪潮中，老年群体在信息获取过程中不仅受到外部条件的制约，其个人的阅读行为感知也发挥着关键作用。根据2020年CLASS调查数据，当被问及"互联网技术对您了解新闻信息方面有何影响"时，约有34.1%的老年人认为互联网技术为了解新闻信息带来了"便利"。尽管如此，还有近一半的老年人未感受到明显变化，其中26.9%的老年人觉得"无影响"，而19.7%的老年人"说不上来"（见表7-8）。这一结果映射出，虽然互联网技术在一定程度上优化了部分老年人的信息获取途径，但对于不少人来说，它尚未成为获取新闻信息的主要渠道。

表7-8　互联网技术对老年人了解新闻信息的影响

问题	类型	频率	百分比	有效百分比
互联网技术对您了解新闻信息方面有何影响	便利	3884	34.1%	34.1%
	不便利	2199	19.3%	19.3%
	无影响	3065	26.9%	26.9%
	说不上来	2250	19.7%	19.7%
总计		11398	100.0%	100.0%

在回答"您使用互联网会遇到哪些障碍或不便"这一问题时，接近半数的老年人指出他们不知道如何使用（或操作）设备（47.8%），不知道如何使用（或操作）软件或应用程序（42.5%）；37.9%的人提到设备或网页上的字太小，无法阅读；担心个人隐私和信息安全问题（36.7%）、找不到所需的信息（33.3%）以及不能判断信息的真假（34.8%）也是老年人普遍面临的问题。此外，网络不好和信号不佳（30.8%）也成为老年人使用互联网时的一个显著障碍（见表7-9）。这些数据表明，老年人在使用互联网过程中遇到了诸多困难和挑战。这不仅影响了他们的上网体验，也可能对他们的信息获取和传播行为产生了一定的制约。因此，针对这些问题提供适当的解决方案和培训，对于提高老年人的数字素养和适应数字化生活具有重要意义。

表7-9 老年人使用互联网技术时存在的障碍或不便

问题	类型	响应 个案数	响应 百分比	个案百分比
您使用互联网会遇到哪些障碍或不便	缺少上网设备	702	2.2%	6.2%
	网络不好和信号不佳	3513	11.0%	30.8%
	设备或网页上的字太小，无法阅读	4316	13.5%	37.9%
	不知道如何使用（或操作）设备	5447	17.1%	47.8%
	不知道如何使用（或操作）软件或应用程序	4845	15.2%	42.5%
	找不到所需的信息	3797	11.9%	33.3%
	不能判断信息的真假	3972	12.5%	34.8%
	担心个人隐私和信息安全问题	4178	13.1%	36.7%
	没有任何障碍或不便	1041	3.3%	9.1%
	其他	61	0.2%	0.5%
总计		31872	100.0%	279.6%

面临互联网使用上的困难时，34.7%的老年人首选向子女或孙辈寻求帮助，有些老年人倾向于向身边的朋友和邻居（18.5%）或是其他亲戚（10.9%）求助。相对较少的老年人会向社区或居委会工作人员（6.7%）以及志愿者（0.7%）寻求帮助。值得注意的是，还有18.9%的老年人不愿向他人寻求帮助（见表4-10）。这反映出老年人在面对互联网使用难题时，主要依赖家庭成员和亲朋好友的支持。这体现了他们在应对数字生活挑战时的社会网络资源。然而，仍有近1/5的老年人不愿寻求帮助，这可能与他们担心隐私泄露、不好意思求助的心理因素有关。此外，社区和志愿者等服务渠道在老年人互联网应用方面的支持力度仍有待加强。

表7-10 老年人遇到互联网使用困难时，更愿意向谁求助

问题	类型	频率	百分比	有效百分比
遇到互联网使用困难时，您更愿意向谁求助	配偶	1098	9.6%	9.6%
	子女或孙辈	3958	34.7%	34.7%
	其他亲戚	1238	10.9%	10.9%
	朋友和邻居	2109	18.5%	18.5%
	社区或居委会工作人员	761	6.7%	6.7%
	志愿者	84	0.7%	0.7%
	不愿向他人寻求帮助	2150	18.9%	18.9%
总计		11398	100.0%	100.0%

第四节 老年群体的阅读影响因素分析

一、人口学特征对老年群体阅读的影响

交叉分析发现，在年龄方面，老年群体的上网频率（见表7-11）和社

交媒体接触率（见表7-12）随年龄增长逐渐降低，信息获取与分享行为也呈现出相应的变化。这主要是由于随着年龄的增长，老年群体的身体机能和认知能力往往会有所下降。视力、听力的减退以及手部灵活性的降低可能导致操作智能设备变得更加困难，从而降低了他们使用网络的频率。同时，老年人对新兴技术的接受度普遍低于年轻人。他们可能更习惯于传统的信息获取方式，如电视、广播、报纸和杂志，而不是互联网和社交媒体。此外，老年群体本身的文化水平存在较大差异，导致其阅读能力存在较大差距，再加上生活方式、居住条件及经济基础等因素影响，导致老年人的阅读行为受到诸多制约。

表7-11 不同年龄老年人上网频率情况

频次	占比	年龄				总计
		60—69岁	70—79岁	80—89岁	90岁及以上	
每天都上网	计数	1683	567	39	0	2289
	占同频率老年网民的百分比	73.5%	24.8%	1.7%	0.0%	100.0%
	占同龄老年人的百分比	33.4%	11.9%	2.6%	0.0%	20.1%
每星期至少上一次	计数	380	263	24	0	667
	占同频率老年网民的百分比	57.0%	39.4%	3.6%	0.0%	100.0%
	占同龄老年人的百分比	7.6%	5.5%	1.6%	0.0%	5.9%
每月至少上一次	计数	46	44	6	1	97
	占同频率老年网民的百分比	47.4%	45.4%	6.2%	1.0%	100.0%
	占同龄老年人的百分比	0.9%	0.9%	0.4%	1.1%	0.9%

续表

频次	占比	年龄 60—69岁	70—79岁	80—89岁	90岁及以上	总计
每年上几次	计数	38	21	6	0	65
	占同频率老年网民的百分比	58.5%	32.3%	9.2%	0.0%	100.0%
	占同龄老年人的百分比	0.8%	0.4%	0.4%	0.0%	0.6%
从不上网	计数	2886	3850	1454	90	8280
	占同频率老年网民的百分比	34.9%	46.5%	17.6%	1.1%	100.0%
	占同龄老年人的百分比	57.3%	81.1%	95.1%	98.9%	72.6%
总计	计数	5033	4745	1529	91	11398
	占同频率老年网民的百分比	44.2%	41.6%	13.4%	0.8%	100.0%
	占同龄老年人的百分比	100.0%	100.0%	100.0%	100.0%	100.0%

注：各百分比加总之和与合计值稍有出入，系四舍五入导致。

表7-12 不同年龄老年人社交媒体接触率情况

类型	占比	年龄 60—69岁	70—79岁	80—89岁	90岁及以上	总计
报纸	计数	39	47	17	2	105
	占以报纸为主要信息来源的老年人百分比	37.1%	44.8%	16.2%	1.9%	100.0%
	占同龄老年人的百分比	0.8%	1.0%	1.1%	2.2%	0.9%

续表

类型	占比	年龄 60—69岁	70—79岁	80—89岁	90岁及以上	总计
杂志	计数	13	10	3	0	26
	占以杂志为主要信息来源的老年人百分比	50.0%	38.5%	11.5%	0.0%	100.0%
	占同龄老年人的百分比	0.3%	0.2%	0.2%	0.0%	0.2%
广播	计数	83	96	55	7	241
	占以广播为主要信息来源的老年人百分比	34.4%	39.8%	22.8%	2.9%	100.0%
	占同龄老年人的百分比	1.6%	2.0%	3.6%	7.7%	2.1%
电视	计数	3861	4263	1427	82	9633
	占以电视为主要信息来源的老年人百分比	40.1%	44.3%	14.8%	0.9%	100.0%
	占同龄老年人的百分比	76.7%	89.8%	93.3%	90.1%	84.5%
互联网	计数	1008	313	25	0	1346
	占以互联网为主要信息来源的老年人百分比	74.9%	23.3%	1.9%	0.0%	100.0%
	占同龄老年人的百分比	20.0%	6.6%	1.6%	0.0%	11.8%
手机定制消息	计数	29	16	2	0	47
	占以手机定制消息为主要信息来源的老年人百分比	61.7%	34.0%	4.3%	0.0%	100.0%
	占同龄老年人的百分比	0.6%	0.3%	0.1%	0.0%	0.4%

续表

类型	占比	年龄				总计
		60—69岁	70—79岁	80—89岁	90岁及以上	
总计	计数	5033	4745	1529	91	11398
	占以上信息来源的百分比	44.2%	41.6%	13.4%	0.8%	100.0%
	占同龄老年人的百分比	100.0%	100.0%	100.0%	100.0%	100.0%

注：各百分比加总之和与合计值稍有出入，系四舍五入导致。

在教育程度方面，受教育程度较高的老年人在上网频率（见表7-13）、社交媒体接触率（见表7-14）均高于未受过教育或教育程度较低的老年人。这表明受教育程度对老年人的网络使用行为产生了显著的影响。受教育程度较高的老年人通常具备更强的学习能力和适应性。他们对信息的需求相对更为多样和深入，更倾向于利用网络资源来满足自己的知识渴望。同时，他们更愿意参与讨论和交流观点，并乐于与他人分享生活经验和知识见解。这使他们在面对新技术时更加得心应手。他们可能已经培养了独立探索和学习新事物的习惯，这种习惯延伸到了对互联网和社交媒体的使用上。

表7-13　不同受教育程度老年人上网频率情况

频次	占比	文化程度							总计
		不识字	私塾或扫盲班	小学	初中	高中或中专	大专	本科及以上	
每天都上网	计数	135	33	568	933	457	135	28	2289
	占同频率老年网民的百分比	5.9%	1.4%	24.8%	40.8%	20.0%	5.9%	1.2%	100.0%
	占相同受教育程度老年人的百分比	5.1%	6.8%	13.5%	33.1%	47.5%	60.5%	58.3%	20.1%

续表

频次	占比	文化程度							总计
		不识字	私塾或扫盲班	小学	初中	高中或中专	大专	本科及以上	
每星期至少上一次	计数	90	15	248	221	73	15	5	667
	占同频率老年网民的百分比	13.5%	2.2%	37.2%	33.1%	10.9%	2.2%	0.7%	100.0%
	占相同受教育程度老年人的百分比	3.4%	3.1%	5.9%	7.8%	7.6%	6.7%	10.4%	5.9%
每月至少上一次	计数	13	3	34	38	5	3	1	97
	占同频率老年网民的百分比	13.4%	3.1%	35.1%	39.2%	5.2%	3.1%	1.0%	100.0%
	占相同受教育程度老年人的百分比	0.5%	0.6%	0.8%	1.3%	0.5%	1.3%	2.1%	0.9%
每年上几次	计数	6	4	26	19	8	2	0	65
	占同频率老年网民的百分比	9.2%	6.2%	40.0%	29.2%	12.3%	3.1%	0.0%	100.0%
	占相同受教育程度老年人的百分比	0.2%	0.8%	0.6%	0.7%	0.8%	0.9%	0.0%	0.6%
从不上网	计数	2426	427	3316	1609	420	68	14	8280
	占同频率老年网民的百分比	29.3%	5.2%	40.0%	19.4%	5.1%	0.8%	0.2%	100.0%

续表

频次	占比	文化程度							总计
		不识字	私塾或扫盲班	小学	初中	高中或中专	大专	本科及以上	
从不上网	占相同受教育程度老年人的百分比	90.9%	88.6%	79.1%	57.1%	43.6%	30.5%	29.2%	72.6%
总计	计数	2670	482	4192	2820	963	223	48	11398
	占同频率老年网民的百分比	23.4%	4.2%	36.8%	24.7%	8.4%	2.0%	0.4%	100.0%
	占相同受教育程度老年人的百分比	100.0%	100.0%	100.0%	100.0%	100.0%	100.0%	100.0%	100.0%

注：各百分比加总之和与合计值稍有出入，系四舍五入导致。

表7-14 不同受教育程度老年人社交媒体接触率情况

类型	占比	文化程度							总计
		不识字	私塾或扫盲班	小学	初中	高中或中专	大专	本科及以上	
报纸	计数	23	2	36	31	12	0	1	105
	占以报纸为主要信息来源的老年人百分比	21.9%	1.9%	34.3%	29.5%	11.4%	0.0%	1.0%	100.0%
	占相同受教育程度老年人的百分比	0.9%	0.4%	0.9%	1.1%	1.2%	0.0%	2.1%	0.9%
杂志	计数	8	1	9	6	1	1	0	26

续表

类型	占比	文化程度							总计
		不识字	私塾或扫盲班	小学	初中	高中或中专	大专	本科及以上	
杂志	占以杂志为主要信息来源的老年人百分比	30.8%	3.8%	34.6%	23.1%	3.8%	3.8%	0.0%	100.0%
	占相同受教育程度老年人的百分比	0.3%	0.2%	0.2%	0.2%	0.1%	0.4%	0.0%	0.2%
广播	计数	98	6	71	54	9	2	1	241
	占以广播为主要信息来源的老年人百分比	40.7%	2.5%	29.5%	22.4%	3.7%	0.8%	0.4%	100.0%
	占相同受教育程度老年人的百分比	3.7%	1.2%	1.7%	1.9%	0.9%	0.9%	2.1%	2.1%
电视	计数	2462	457	3754	2171	655	111	23	9633
	占以电视为主要信息来源的老年人百分比	25.6%	4.7%	39.0%	22.5%	6.8%	1.2%	0.2%	100.0%
	占相同受教育程度老年人的百分比	92.2%	94.8%	89.6%	77.0%	68.0%	49.8%	47.9%	84.5%
互联网	计数	69	16	307	545	282	108	19	1346
	占以互联网为主要信息来源的老年人百分比	5.1%	1.2%	22.8%	40.5%	21.0%	8.0%	1.4%	100.0%

续表

类型	占比	文化程度							总计
		不识字	私塾或扫盲班	小学	初中	高中或中专	大专	本科及以上	
互联网	占相同受教育程度老年人的百分比	2.6%	3.3%	7.3%	19.3%	29.3%	48.4%	39.6%	11.8%
手机定制消息	计数	10	0	15	13	4	1	4	47
	占以手机定制消息为主要信息来源的老年人百分比	21.3%	0.0%	31.9%	27.7%	8.5%	2.1%	8.5%	100.0%
	占相同受教育程度老年人的百分比	0.4%	0.0%	0.4%	0.5%	0.4%	0.4%	8.3%	0.4%
总计	计数	2670	482	4192	2820	963	223	48	11398
	占以上信息来源的百分比	23.4%	4.2%	36.8%	24.7%	8.4%	2.0%	0.4%	100.0%
	占相同受教育程度老年人的百分比	100.0%	100.0%	100.0%	100.0%	100.0%	100.0%	100.0%	100.0%

注：各百分比加总之和与合计值稍有出入，系四舍五入导致。

性别差异在老年人的网络使用行为中也显现出一定的趋势。分析发现，男性老年人在上网频率（见表7-15）、社交媒体接触率（见表7-16）方面普遍高于女性老年人。这一现象可能与传统性别角色和社会化过程中形成的兴趣偏好有关。男性老年人可能更倾向于关注政治、经济、科技等新闻资讯，而这些内容在网络上更新速度快，获取方便。他们可能更习惯于利用网络工具来追踪这些领域的最新动态，并通过网络平台与他人讨论和分享看法。此外，男性老年人可能对新技术和电子设备有着较高的兴趣。这促使他们更愿意尝试和使用互联网及相关技术。相比之下，女性老年人可能更注重家庭生活和社交互动，更倾向于通过面对面的交流来维系关系，而不是通过社交媒体。

表7-15 不同性别老年人上网频率情况

频次	占比	性别 男	性别 女	总计
每天都上网	计数	1207	1082	2289
	占同频率老年网民的百分比	52.7%	47.3%	100.0%
	占同性别老年人的百分比	21.0%	19.2%	20.1%
每星期至少上一次	计数	338	329	667
	占同频率老年网民的百分比	50.7%	49.3%	100.0%
	占同性别老年人的百分比	5.9%	5.8%	5.9%
每月至少上一次	计数	51	46	97
	占同频率老年网民的百分比	52.6%	47.4%	100.0%
	占同性别老年人的百分比	0.9%	0.8%	0.9%
每年上几次	计数	32	33	65
	占同频率老年网民的百分比	49.2%	50.8%	100.0%
	占同性别老年人的百分比	0.6%	0.6%	0.6%
从不上网	计数	4120	4160	8280
	占同频率老年网民的百分比	49.8%	50.2%	100.0%
	占同性别老年人的百分比	71.7%	73.6%	72.6%

续表

频次	占比	性别 男	性别 女	总计
总计	计数	5748	5650	11398
总计	占同频率老年网民的百分比	50.4%	49.6%	100.0%
总计	占同性别老年人的百分比	100.0%	100.0%	100.0%

注：各百分比加总之和与合计值稍有出入，系四舍五入导致。

表7-16 不同性别老年人社交媒体接触率情况

类型	占比	性别 男	性别 女	总计
报纸	计数	67	38	105
报纸	占以报纸为主要信息来源的老年人百分比	63.8%	36.2%	100.0%
报纸	占同性别老年人的百分比	1.2%	0.7%	0.9%
杂志	计数	16	10	26
杂志	占以杂志为主要信息来源的老年人百分比	61.5%	38.5%	100.0%
杂志	占同性别老年人的百分比	0.3%	0.2%	0.2%
广播	计数	126	115	241
广播	占以广播为主要信息来源的老年人百分比	52.3%	47.7%	100.0%
广播	占同性别老年人的百分比	2.2%	2.0%	2.1%
电视	计数	4772	4861	9633
电视	占以电视为主要信息来源的老年人百分比	49.5%	50.5%	100.0%
电视	占同性别老年人的百分比	83.0%	86.0%	84.5%

续表

类型	占比	性别 男	性别 女	总计
互联网	计数	742	604	1346
	占以互联网为主要信息来源的老年人百分比	55.1%	44.9%	100.0%
	占同性别老年人的百分比	12.9%	10.7%	11.8%
手机定制消息	计数	25	22	47
	占以手机定制消息为主要信息来源的老年人百分比	53.2%	46.8%	100.0%
	占同性别老年人的百分比	0.4%	0.4%	0.4%
总计	计数	5748	5650	11398
	占以上述媒介为主要信息来源的老年人百分比	50.4%	49.6%	100.0%
	占同性别老年人的百分比	100.0%	100.0%	100.0%

注：各百分比加总之和与合计值稍有出入，系四舍五入导致。

在户口性质方面，非农业户口的老年人在上网频率（见表4-17）、社交媒体接触率（见表4-18）方面普遍高于农业户口的老年人。这种差异可能与两者在经济条件、居住环境和可用资源方面的不同有关。非农业户口的老年人通常居住在城市或城镇。这些地区的信息化程度较高，网络基础设施更为完善，提供了更便捷的互联网接入服务。此外，城市居民可能有更多的机会接触新技术和新媒体，从而促使他们更频繁地使用网络。在信息获取与分享行为方面，非农业户口的老年人可能对教育、科技、文化等领域的信息有更高的需求，而这些信息在网络上更为丰富和即时。他们可能更愿意通过网络平台来获取这些信息，并与他人交流和分享。相比之下，农业户口的老年人多数居住在网络覆盖不足的农村地区，缺乏足够的设备和技术支持,这限制了他们上网的能力和频率。他们的生活可能更依赖于传统的信息渠道,如村内广播和邻里之间的口口相传。

表7-17 不同户口老年人上网频率情况

类型	占比	户口类型 农业户口	户口类型 非农业户口	总计
每天都上网	计数	691	1598	2289
	占同频率老年网民的百分比	30.2%	69.8%	100.0%
	占同户口类型老年人的百分比	10.5%	33.1%	20.1%
每星期至少上一次	计数	355	312	667
	占同频率老年网民的百分比	53.2%	46.8%	100.0%
	占同户口类型老年人的百分比	5.4%	6.5%	5.9%
每月至少上一次	计数	48	49	97
	占同频率老年网民的百分比	49.5%	50.5%	100.0%
	占同户口类型老年人的百分比	0.7%	1.0%	0.9%
每年上几次	计数	34	31	65
	占同频率老年网民的百分比	52.3%	47.7%	100.0%
	占同户口类型老年人的百分比	0.5%	0.6%	0.6%
从不上网	计数	5445	2835	8280
	占同频率老年网民的百分比	65.8%	34.2%	100.0%

续表

类型	占比	户口类型 农业户口	户口类型 非农业户口	总计
从不上网	占同户口类型老年人的百分比	82.8%	58.8%	72.6%
总计	计数	6573	4825	11398
总计	占同频率老年网民的百分比	57.7%	42.3%	100.0%
总计	占同户口类型老年人的百分比	100.0%	100.0%	100.0%

注：各百分比加总之和与合计值稍有出入，系四舍五入导致。

表7-18 不同户口老年人社交媒体接触率情况

类型	占比	户口类型 农业户口	户口类型 非农业户口	总计
报纸	计数	63	42	105
报纸	占以报纸为主要信息来源的老年人百分比	60.0%	40.0%	100.0%
报纸	占同户口类型老年人的百分比	1.0%	0.9%	0.9%
杂志	计数	17	9	26
杂志	占以杂志为主要信息来源的老年人百分比	65.4%	34.6%	100.0%
杂志	占同户口类型老年人的百分比	0.3%	0.2%	0.2%
广播	计数	168	73	241
广播	占以广播为主要信息来源的老年人百分比	69.7%	30.3%	100.0%
广播	占同户口类型老年人的百分比	2.6%	1.5%	2.1%

续表

类型	占比	户口类型 农业户口	户口类型 非农业户口	总计
电视	计数	5867	3766	9633
电视	占以电视为主要信息来源的老年人百分比	60.9%	39.1%	100.0%
电视	占同户口类型老年人的百分比	89.3%	78.1%	84.5%
互联网	计数	435	911	1346
互联网	占以互联网为主要信息来源的老年人百分比	32.3%	67.7%	100.0%
互联网	占同户口类型老年人的百分比	6.6%	18.9%	11.8%
手机定制消息	计数	23	24	47
手机定制消息	占以手机定制消息为主要信息来源的老年人百分比	48.9%	51.1%	100.0%
手机定制消息	占同户口类型老年人的百分比	0.3%	0.5%	0.4%
总计	计数	6573	4825	11398
总计	占以上述媒介为主要信息来源的老年人百分比	57.7%	42.3%	100.0%
总计	占同户口类型老年人的百分比	100.0%	100.0%	100.0%

注：各百分比加总之和与合计值稍有出入，系四舍五入导致。

二、健康状况对老年群体阅读的影响

健康状况在老年人的网络使用习惯中扮演着重要的角色。一般来说，健康状况较好的老年人在上网频率（见表7-19）、社交媒体接触率（见表7-20）方面普遍高于健康状况较差的同龄人。这一现象反映了身体健康对于维持积极生活方式的重要性。身体条件较好的老年人通常具有更强的活力和自主性，他们更有可能对新技术保持好奇心，并具备学习使用互联网的能力和意愿。他们可能更倾向于利用网络资源来获取与健康相关的信息,参与线上健康社区,以及与家人、朋友分享日常生活和健康经验。此外,良好的健康状况也可能使老年人更愿意参与社会活动,而社交媒体提供了一种便捷的途径来扩展社交圈,与他人保持联系。他们可能通过社交网络平台参与兴趣小组,或是追踪并参与公益活动,从而增强社会参与感和生活满意度。相比之下,健康状况较差的老年人可能由于身体限制,更多地依赖他人帮助,或是更专注于治疗和康复,因此他们的网络使用频率较低。

表7-19 不同健康状况的老年人上网频率情况

频次	占比	身体健康状况						总计
		很健康	比较健康	一般	比较不健康	很不健康	无法回答	
每天都上网	计数	270	1198	628	183	10	0	2289
	占同频率老年网民的百分比	11.8%	52.3%	27.4%	8.0%	0.4%	0.0%	100.0%
	占同健康状况老年人的百分比	29.4%	27.0%	14.9%	12.0%	3.5%	0.0%	20.1%
每星期至少上一次	计数	67	239	234	106	20	1	667
	占同频率老年网民的百分比	10.0%	35.8%	35.1%	15.9%	3.0%	0.1%	100.0%
	占同健康状况老年人的百分比	7.3%	5.4%	5.6%	7.0%	7.0%	5.9%	5.9%
每月至少上一次	计数	8	32	37	16	3	1	97
	占同频率老年网民的百分比	8.2%	33.0%	38.1%	16.5%	3.1%	1.0%	100.0%
	占同健康状况老年人的百分比	0.9%	0.7%	0.9%	1.0%	1.1%	5.9%	0.9%

续表

频次	占比	身体健康状况						总计
		很健康	比较健康	一般	比较不健康	很不健康	无法回答	
每年上几次	计数	10	28	19	6	1	1	65
	占同频率老年网民的百分比	15.4%	43.1%	29.2%	9.2%	1.5%	1.5%	100.0%
	占同健康状况老年人的百分比	1.1%	0.6%	0.5%	0.4%	0.4%	5.9%	0.6%
从不上网	计数	564	2941	3298	1213	250	14	8280
	占同频率老年网民的百分比	6.8%	35.5%	39.8%	14.6%	3.0%	0.2%	100.0%
	占同健康状况老年人的百分比	61.4%	66.3%	78.2%	79.6%	88.0%	82.4%	72.6%
总计	计数	919	4438	4216	1524	284	17	11398
	占同频率老年网民的百分比	8.1%	38.9%	37.0%	13.4%	2.5%	0.1%	100.0%
	占同健康状况老年人的百分比	100.0%	100.0%	100.0%	100.0%	100.0%	100.0%	100.0%

注：各百分比加总之和与合计值稍有出入，系四舍五入导致。

表7-20 不同健康状况的老年人社交媒体接触率情况

类型	占比	身体健康状况						总计
		很健康	比较健康	一般	比较不健康	很不健康	无法回答	
报纸	计数	19	37	32	15	2	0	105
	占以报纸为主要信息来源的老年人百分比	18.1%	35.2%	30.5%	14.3%	1.9%	0.0%	100.0%
	占同健康状况老年人的百分比	2.1%	0.8%	0.8%	1.0%	0.7%	0.0%	0.9%

续表

类型	占比	身体健康状况						总计
		很健康	比较健康	一般	比较不健康	很不健康	无法回答	
杂志	计数	7	9	10	0	0	0	26
	占以杂志为主要信息来源的老年人百分比	26.9%	34.6%	38.5%	0.0%	0.0%	0.0%	100.0%
	占同健康状况老年人的百分比	0.8%	0.2%	0.2%	0.0%	0.0%	0.0%	0.2%
广播	计数	29	56	89	48	15	4	241
	占以广播为主要信息来源的老年人百分比	12.0%	23.2%	36.9%	19.9%	6.2%	1.7%	100.0%
	占同健康状况老年人的百分比	3.2%	1.3%	2.1%	3.1%	5.3%	23.5%	2.1%
电视	计数	682	3601	3749	1331	259	11	9633
	占以广播为主要信息来源的老年人百分比	7.1%	37.4%	38.9%	13.8%	2.7%	0.1%	100.0%
	占同健康状况老年人的百分比	74.2%	81.1%	88.9%	87.3%	91.2%	64.7%	84.5%
互联网	计数	178	725	314	122	7	0	1346
	占以互联网为主要信息来源的老年人百分比	13.2%	53.9%	23.3%	9.1%	0.5%	0.0%	100.0%
	占同健康状况老年人的百分比	19.4%	16.3%	7.4%	8.0%	2.5%	0.0%	11.8%
手机定制消息	计数	4	10	22	8	1	2	47
	占以手机定制消息为主要信息来源的老年人百分比	8.5%	21.3%	46.8%	17.0%	2.1%	4.3%	100.0%

续表

类型	占比	身体健康状况						总计
		很健康	比较健康	一般	比较不健康	很不健康	无法回答	
手机定制消息	占同健康状况老年人的百分比	0.4%	0.2%	0.5%	0.5%	0.4%	11.8%	0.4%
总计	计数	919	4438	4216	1524	284	17	11398
	占以上述媒介为主要信息来源的老年人百分比	8.1%	38.9%	37.0%	13.4%	2.5%	0.1%	100.0%
	占同健康状况老年人的百分比	100.0%	100.0%	100.0%	100.0%	100.0%	100.0%	100.0%

注：各百分比加总之和与合计值稍有出入，系四舍五入导致。

三、生活态度对老年群体阅读的影响

生活态度对老年人的媒介使用行为产生了显著的影响。数据显示，积极乐观的老年人在上网频率（见表7-21）、社交媒体接触率（见表7-22）方面普遍高于消极悲观的老年人。这一结果揭示了积极的生活态度与老年人在信息传播领域活跃度之间的正相关性。积极乐观的老年人往往对新事物抱有开放的心态，更愿意尝试使用新技术，并将其融入日常生活中。这种积极的态度促使他们更频繁地上网，更主动地通过社交媒体与亲朋好友保持联系，更热情地参与信息的获取和分享。此外，积极的老年人可能会利用网络来寻求与兴趣爱好相关的信息，参与线上的兴趣小组或社区，甚至通过网络平台进行自我表达和教育。他们的这种积极参与不仅丰富了个人的社会生活，也可能对其他同龄人产生积极的示范效应，鼓励更多的老年人拥抱数字化时代。相反，持有消极悲观态度的老年人可能对新技术感到排斥或无助，可能认为学习使用新工具是困难的，或者认为网络与他们的生活无关。因此，这部分老年人的网络参与度较低，可能更倾向于坚持传统的信息获取和交流方式。

表7-21 不同生活态度的老年人上网频率情况

频次	占比	对目前生活的满意情况						总计
		很满意	比较满意	一般	比较不满意	很不满意	无法回答	
每天都上网	计数	554	1168	419	128	17	3	2289
	占同频率老年网民的百分比	24.2%	51.0%	18.3%	5.6%	0.7%	0.1%	100.0%
	占同生活态度老年人的百分比	28.0%	21.6%	14.4%	15.9%	8.7%	3.2%	20.1%
每星期至少上一次	计数	124	330	148	51	13	1	667
	占同频率老年网民的百分比	18.6%	49.5%	22.2%	7.6%	1.9%	0.1%	100.0%
	占同生活态度老年人的百分比	6.3%	6.1%	5.1%	6.4%	6.7%	1.1%	5.9%
每月至少一次	计数	17	48	26	4	0	2	97
	占同频率老年网民的百分比	17.5%	49.5%	26.8%	4.1%	0.0%	2.1%	100.0%
	占同生活态度老年人的百分比	0.9%	0.9%	0.9%	0.5%	0.0%	2.1%	0.9%
每年上几次	计数	13	33	15	2	1	1	65
	占同频率老年网民的百分比	20.0%	50.8%	23.1%	3.1%	1.5%	1.5%	100.0%
	占同生活态度老年人的百分比	0.7%	0.6%	0.5%	0.2%	0.5%	1.1%	0.6%
从不上网	计数	1271	3834	2306	618	164	87	8280
	占同频率老年网民的百分比	15.4%	46.3%	27.9%	7.5%	2.0%	1.1%	100.0%
	占同生活态度老年人的百分比	64.2%	70.8%	79.1%	77.0%	84.1%	92.6%	72.6%

续表

频次	占比	对目前生活的满意情况						总计
		很满意	比较满意	一般	比较不满意	很不满意	无法回答	
总计	计数	1979	5413	2914	803	195	94	11398
	占同频率老年网民的百分比	17.4%	47.5%	25.6%	7.0%	1.7%	0.8%	100.0%
	占同生活态度老年人的百分比	100.0%	100.0%	100.0%	100.0%	100.0%	100.0%	100.0%

注：各百分比加总之和与合计值稍有出入，系四舍五入导致。

表7-22　不同生活态度的老年人社交媒体接触率情况

类型	占比	对目前生活的满意情况						总计
		很满意	比较满意	一般	比较不满意	很不满意	无法回答	
报纸	计数	29	44	22	6	1	3	105
	占以报纸为主要信息来源的老年人百分比	27.6%	41.9%	21.0%	5.7%	1.0%	2.9%	100.0%
	占同生活态度老年人的百分比	1.5%	0.8%	0.8%	0.7%	0.5%	3.2%	0.9%
杂志	计数	10	9	7	0	0	0	26
	占以杂志为主要信息来源的老年人百分比	38.5%	34.6%	26.9%	0.0%	0.0%	0.0%	100.0%
	占同生活态度老年人的百分比	0.5%	0.2%	0.2%	0.0%	0.0%	0.0%	0.2%
广播	计数	45	73	79	28	12	4	241
	占以广播为主要信息来源的老年人百分比	18.7%	30.3%	32.8%	11.6%	5.0%	1.7%	100.0%
	占同生活态度老年人的百分比	2.3%	1.3%	2.7%	3.5%	6.2%	4.3%	2.1%

续表

类型	占比	对目前生活的满意情况						总计
		很满意	比较满意	一般	比较不满意	很不满意	无法回答	
电视	计数	1518	4586	2590	682	172	85	9633
	占以电视为主要信息来源的老年人百分比	15.8%	47.6%	26.9%	7.1%	1.8%	0.9%	100.0%
	占同生活态度老年人的百分比	76.7%	84.7%	88.9%	84.9%	88.2%	90.4%	84.5%
互联网	计数	364	689	203	81	7	2	1346
	占以互联网为主要信息来源的老年人百分比	27.0%	51.2%	15.1%	6.0%	0.5%	0.1%	100.0%
	占同生活态度老年人的百分比	18.4%	12.7%	7.0%	10.1%	3.6%	2.1%	11.8%
手机定制消息	计数	13	12	13	6	3	0	47
	占以手机定制消息为主要信息来源的老年人百分比	27.7%	25.5%	27.7%	12.8%	6.4%	0.0%	100.0%
	占同生活态度老年人的百分比	0.7%	0.2%	0.4%	0.7%	1.5%	0.0%	0.4%
总计	计数	1979	5413	2914	803	195	94	11398
	占以上述媒介为主要信息来源的老年人百分比	17.4%	47.5%	25.6%	7.0%	1.7%	0.8%	100.0%
	占同生活态度老年人的百分比	100.0%	100.0%	100.0%	100.0%	100.0%	100.0%	100.0%

注：各百分比加总之和与合计值稍有出入，系四舍五入导致。

此外，老年群体的阅读行为还受阅读资源、阅读渠道和阅读场所等因素的影响。从整个出版市场来看，专门针对老年群体的出版物占比相对较低，主要是以养生保健类图书为主，无论品种还是数量都相对较少，且更新速度慢，并缺乏有效的细分，难以有效调动老年人对阅读的兴趣。从阅读目的和阅读渠道看，相较于年轻群体来说，老年人的阅读目的、阅读渠道较为单一。其阅读目的主要在于了解新闻资讯与奇闻轶事、养生保健、娱乐消遣等，阅读渠道主要是电视、报纸、书刊。从阅读场所看，大多数公共图书馆还未开辟专门的老年阅读场所，缺乏适合老年人的阅读环境。

四、技术发展对老年群体阅读的影响

技术进步不仅深刻地改变了出版行业，也极大地影响了老年群体的阅读习惯和方式。随着数字技术的飞速发展，数字化出版和电子书的兴起为出版物提供了新的传播途径。出版机构逐渐采用这些新兴技术，实现内容的数字化分发和销售，极大地扩展了其受众范围。智能手机、平板电脑以及电子阅读器的广泛普及，使电子书成为出版业的一个重要分支。它们不仅具有超越传统纸质书的便捷性和灵活性，还支持通过互联网进行全球分销，极大地方便了读者的获取和使用。

与此同时，互联网和数字技术的进步，使出版机构可以利用数据分析技术工具，更准确地把握读者的需求和喜好，实现对老年读者市场的精准营销和推广。这种基于数据驱动的策略不仅有效提升了出版物的市场适应性，还增强了出版内容的个性化和多样化，进一步满足了包括老年人在内的广大读者群体的阅读需求。

五、消费偏好对老年群体阅读的影响

新时代，以互联网为代表的信息技术日新月异，消费者的娱乐需求越来越多样化，包括老年群体在内的人们更倾向于通过社交媒体、博客和在线视频等新兴媒体形式获取信息和享受娱乐。这一趋势对传统纸质书产生了显著的影响。与此同时，纸质书相对高昂的价格使一部分读者感到经济压力大，而数字化阅读设备不仅携带不便，初期投入也是一笔不小的费用，所以许多人更愿意在碎片化的时间里追求即时的娱乐方式，如刷微博、看短视频等。这无疑降低了书籍在人们生活中的重要性。

由此可见，老年群体的阅读行为受到多种因素的影响。为了更好地满足老年群体的阅读需求，相关部门和出版机构应关注老年人的实际需求，提供有针对性的阅读内容和形式，同时加强对老年人的媒介素养和数字素养培训，帮助他们更好地适应信息化社会。

第八章

老年融合出版的创新范式与案例研究

第八章 老年融合出版的创新范式与案例研究

第一节 老年融合出版的创新范式

老年融合出版模式的探索与实践，不仅是对传统出版业的一次转型升级，也是对广大老年人精神文化需求的积极回应。在人口老龄化的大背景下，如何通过融合出版满足老年群体的需求，不仅是出版业面临的一大挑战，也是一个巨大的机遇。

一、内容生产和平台建设层面

从内容生产和平台建设而言，出版机构应当强化策划和编辑工作，围绕老年人的兴趣与需求，开发兼具实用性和指导性的产品，同时注重互动体验，借助多媒体与互动元素，为老年读者营造沉浸式阅读体验。例如，出版社可以出版一系列关于老年人常见疾病预防及康复的图书，并为之配备相关的数字音频或视频讲解，方便视力欠佳的老年人获取所需信息；推出专门的老年旅游指南，不仅有纸质书的详细介绍，还能够通过手机应用提供实时的旅游信息更新和导航服务；挖掘老年人的智慧与经验，将他们的故事、回忆录和人生智慧出版成册；可以组织征文活动，收集老年人的精彩人生经历，进而整理出版成书或电子读物，以此激励更多的老年人积极面对生活；与社区合作，开展口述历史项目，将老年人的回忆以多媒体的形式（如音频纪录片、视频短片等）呈现出来；重视内容的易读性和易懂性，采用较大的字体、简洁明晰的语言和丰富的插图；设计专门的老年版图书，增大字号、字间距和行间距，运用柔和的纸张和色彩，减轻阅读疲劳；在数字内容方面，提供语音朗读功能和文字放大缩小选项，便于老年人依据自身需求调整阅读习惯。

二、老年文化产业开发与利用层面

据预测，未来20年，我国60岁及以上人口数量将由现在的2.23亿增加到4.18亿。面对如此庞大的市场规模，老年出版物应当朝着利用"品牌资源"以提升效益的方向转变。例如，可以涉足老龄消费产业、社会化养老产业以及老年护理人员的培训等领域，借助品牌效应，与相关的企业和机构合作，开展品牌联名和跨界合作，进一步把老年产业做大做强。出版融合的目标在于实现一个内容的多种创意转化，一个创意的多次开发利用，一次开发的多种产品生成，一种产品的多个形态展现，一次销售的多渠道拓展，一笔投入的多次产出回报，以及一次产出的多次增值。对产品进行深化的内容加工以及多元化的内容呈现形式，不仅延伸了出版产品的价值链，还构建了一个多元化业态的价值网络，从而提升了出版机构的生产力和经济效益。出版机构可以将优质的老年融合出版内容以及版权运营授权给其他媒体和平台使用，以实现多元化的收入来源；可以开发基于出版内容的衍生产品，如文具、礼品等，从而拓展产业链。

三、媒介融合与出版融合发展趋势层面

当前，出版融合发展已然成为新时代出版业转型和创新的主流趋向。媒介融合不仅是出版融合的大背景和驱动要素，媒介之间还存在着异质、异步、异构的繁杂关系。对于老年出版物来说，其融合发展意味着要探寻老年出版产品与其他类型出版产品的融合，比如将老年出版与成人出版、

少儿出版等范畴相结合，以及老年出版物与老年文化产品的有机融合，共同创造出更具吸引力和价值的产品。这意味着要结合多媒体技术，塑造融合多种形式的出版产品，涵盖纸质书、电子书、音频书、视频课程，比如出版一套老年健身教程，可推出纸质教材、电子书（方便随时查阅）、音频指导（可以在运动时收听）、视频课程（详细演示动作要领）。这意味着要运用增强现实和虚拟现实技术，为老年人提供沉浸式阅读体验，比如出版一本有关历史文化的老年读物，通过扫描书中的图片，借助增强现实技术展示历史场景的三维动画，让老年人能够更为直观地感受历史；还意味着要开发适合老年人使用的智能阅读设备和应用程序，比如设计操作简单、界面友好的老年专用电子书阅读器，具备一键呼叫客服、紧急求助等功能。

四、老年群体的文化需求层面

随着"60后"乃至"70后"逐渐步入老年，他们展现出全新的状态和特征，被称为"新老人"。相较于传统老年群体，他们的健康状况更优，受教育程度更高，在社会及经济方面的参与度更为积极，消费理念更趋向现代化。鉴于这些变化，老年融合出版不仅要关注老年人物质层面的需求，更应把目光聚焦于文化养老需求，开发契合"新老人"特征的出版产品与服务。例如，出版机构可以加强与老年大学、社区活动中心、养老院等机构的合作，开展线下阅读推广活动；定期在社区活动中心举办图书展览和阅读分享会，邀请作者与老年人面对面交流；借助社交媒体和在线平台，拓展线上营销和推广渠道；建立老年融合出版的官方社交媒体账号，发布内容推荐、阅读活动信息，以及与用户进行互动；与电商平台合作，开展针对老年人的图书促销活动，提供便捷的购买和配送服务；发展老年读者俱乐部和会员制度，为会员提供定制化的出版内容和阅读计划，满足其个性化需求。

综上所述，老年融合出版的创新发展需要从内容创新、平台搭建、品牌利用、媒介融合等多个维度进行探索与实践。这不仅是对传统出版业的挑战，也是对老年文化养老服务的重要创新。

第二节 国外老年融合出版的典型案例

近年来，全球出版市场正处于新技术快速发展、数字转型升级、有声书市场迅猛增长的时期。在数字时代背景下，如何推动老年融合出版发展，帮助老年人更好地融入数字社会，成为全球关注的焦点。众多国家和地区已经对此进行了有益的尝试和实践。他山之石，可以攻玉。本节通过分析美国、英国、新加坡、韩国、日本等国家的老年融合出版实践模式，分享总结国际出版企业的数字化转型举措、成果和经验，可为我国的融合出版发展提供参考和借鉴，有利于探索适合我国国情的老年融合出版路径。

一、美国

美国是世界上最大的出版市场之一。美国出版行业涵盖图书、杂志、报纸、电子书等各种类型的出版物。美国拥有众多出版公司，既有哈珀·柯林斯、西蒙与舒斯特等大型出版商，也有城市通讯社、芝加哥大学出版社等有影响力的独立出版商。随着数字技术的进步，数字出版商逐渐兴起，Kindle自助出版平台、Lulu等数字出版商和自助出版服务兴起。传统书店，如巴尔的摩的书店、独立书店、连锁书店等提供实体书销售和租赁服务。与此同时，亚马逊等大型在线书店逐渐成为消费者购买图书的主要渠道。根据美国出版商协会发布的StatShot年度报告，从2017年开始，各出版公司的线上销售收入开始超过线下销售收入，而且两者间的距离越来越大。在大众类图书市场板块，数字化比例持续增加，数字有声书持续增长，电子书收入下滑，但纸质书仍占据图书市场主导地位。

随着人口老龄化的加剧，美国老年出版市场逐渐展现出巨大的潜力。根据美国疾病控制和预防中心（CDC）的数据，2000年美国的平均预期寿命为76.9岁，由于医疗创新、预防计划以及对慢性病的支持和药物治疗，预计到2060年人均预期寿命将增加到85.6岁。美国出版商协会的数据显示，针对50岁及以上读者的图书销售额逐年增长，反映出这一群体对阅读的旺盛需求。

老年人对图书内容和形式的偏好独特，倾向于选择与自身生活紧密相关的图书，如回忆录、保健指南和休闲读物。同时，随着科技的发展，老年人对智能手机、互联网和社交媒体的使用日益增加，电子书和有声书的普及率在老年人中也有所上升。AARP是美国退休人员协会（AARP）主办的杂志品牌，以50岁以上的人群为主要受众，其内容涵盖健康、财务、人际关系等，旨在帮助老年人规划退休后的生活。该杂志每期发行量稳定在2000多万份，是美国发行量最大的老年杂志。针对老年人口年龄跨度大的特点，AARP杂志将老年群体再次进行细分，分别从50—59岁、60—69岁及70岁以上3个年龄段，分析研究不同年龄段的兴趣爱好，有针对性地推出产品内容，受到广泛赞誉。

美国的阅读文化普及，众多图书馆免费开放，促进代际交流。据不完全统计，美国共有几十万个图书馆，包括公共图书馆、学术图书馆、学校图书馆、特殊图书馆等。美国公共图书馆通过代际实践项目促进老年人与年轻人的相互交流和相互帮助，消除代际歧视。老年人常去的读书俱乐部，通常每周或者每月会组织活动，在活动中，大家会讨论自己读到的内容和感想。

当前，人工智能正逐渐变革美国新闻出版业，这已是不争的事实。出版企业凭借多年的积累，积极构建融合出版支撑平台，开展全媒体数字内容的在线生产运营。它们深知用户数据分析的重要性，基于数据分析所揭示的用户需求，综合运用社交平台、自有网站和应用程序，实施多渠道运营策略。如老牌纸媒《华盛顿邮报》研究试验与开发团队RED，以精准推送内容与广告，同时，技术驱动下的编辑工作衍生出页面优化、广告追踪等新职责；《纽约时报》则在付费墙模式下，大力推广用户订阅，要求编辑成为领域内容、用户和话题的"管理员"；《赫芬顿邮报》旗下的新型平台HuffPost RYOT，要求编辑熟练掌握多种跨领域技术，以适应虚拟现实文本的编写、剪辑、美化等工作需求，实现传统业务与线上业务的"无缝"融合，取得了显著成效。

二、英国

英国作为全球出版业的领军国家，拥有2400多家出版社，年出版图书种类超过11万种。英国出版商协会的报告显示，2023年英国图书出版业总收入首次突破70亿英镑，其中数字出版收入达到32亿英镑，实现了5%的增长。有声读物市场在2023年成为增长最快的领域之一，音频下载收入增长了24%。这些数据充分展示了英国出版业在经济逆境中的韧性和持续增长的潜力，特别是在数字融合出版和有声读物领域的快速增长。

英国老年出版的成功主要归功于以下三个因素。一是始终坚守其核心价值。尽管这是一个高度市场化的行业，但英国的出版人始终坚守着出版业的文化属性，追求专业性。以牛津大学出版社为例，其《牛津英语词典》编辑部有着超过100年的历史，其中的资深编辑有的编龄甚至超过50年。他们几十年如一日，坚持做同一个项目。正是这些资深编辑对词条解释的深入研究和深厚的编辑功底，保证了《牛津英语词典》的权威性。如今《牛津英语词典》早已实现多版本、线上线下立体长效开发的产品格局，其品牌影响力仍然持久扩散，而支撑这一世界品牌的根本力量就是出版者对文化价值的信仰和坚守。

二是始终秉持用户思维。在全球出版行业进行数字化转型的大背景下，英国出版业数字化转型的核心是将行业内源性地整体导向服务业，通过调整定位，进行数字化转型。如大型传媒机构培生集团，从出版商转型为学习服务提供商，致力于为教育工作者和各年龄层人群提供优质的教育资源和服务，不仅提升了出版机构的整体品牌效应，也产生了新的经济增长点。

三是追求内容服务的精细化管理。在传统出版业中，英国的内容生产分层化管理不仅体现在学科门类的精细化分类上，还体现在对读者年龄的精细分层上。这样的精细化管理曾经缔造了一个个畅销书板块，创造了一个个出版业的增长极。当下的英国出版人非常重视对图书元数据的管理。图书元数据，即关于图书内容和数据的说明性数据，包括ISBN、书名、作者、价格等基础元数据，以及图书分类、内容简介、作者简介、关键词、目录、封面、出版者、视频音频动画等其他类型丰富的元数据。英国出版人通过对图书元数据进行科学的数字化分层管理，以帮助图书产品在数字化环境下实现资源与系统的超链接，有效提高识别度。

此外，英国出版业积极拥抱数字媒体与技术变革，促进出版业技术融合与数字化进程，利用增强现实、虚拟现实等新技术，提升老年读者的阅读体验；重视国际合作与版权输出，通过"一书多版"的方式增强国际竞争力。

三、新加坡

新加坡是亚太地区人口老龄化速度最快、全球预期寿命最长的国家之一，也是一个多元文化的移民国家。据新加坡《2023人口简报》的数据，截至2023年6月，新加坡总人口为591.76万人，其中65岁及以上居民占比高达19.1%。预计到2030年，每4名新加坡人中就有一名老年人，老龄化问题日益凸显。新加坡国家图书馆管理局（National LibraryBoard，NLB）成立于1995年，作为法定董事会，是通信和信息部的一个机构，负责管理国家图书馆、26家公共图书馆和国家档案馆。NLB根据城市特点进行图书馆建设。国家图书馆和公共图书馆网络分布在商业及生活中心区，提供可信、可访问、全球连接的图书馆和信息服务，借阅卡可以在全国通用，为许多行动不便的老年人带来了便利。图书馆的网站从老年读者喜好出发，选用色彩清新亮丽、排版简洁大方的色彩元素，导航的设置方便老年读者快速定位需要的信息，穿插了大量的超链接，为不善于搜集资料的老年读者带来了很多便利。

2007年，NLB专门成立"老年人服务小组"，针对50周岁以上的老年读者提供老龄教育、资源建设、活动组织以及网站建设等老年服务方案。NLB为老年读者编写了九种学习资源工具包和出版物，涉及四种官方语言，选择老年读者最感兴趣的话题作为主题。老年读者可以在所有公共图书馆领取阅读。公共图书馆借助新加坡"积极老龄化节"的机会，开展老年读者阅读宣传活动，发放的"古玩袋"里面放置学习包、放大镜和运动球，鼓励老年人积极参与社会。新加坡建设老年友好型图书馆。在Toa Payoh社区图书馆以及公共图书馆，老年人可以使用更多的资源，包括学习资源包、社区信息，诸如象棋、运动球等心理刺激游戏以及阅读辅助工具。NLB在碧山（Bishan）公共图书馆和Tampines区域图书馆举办以普通话为中心的图书馆定向参观活动，旨在帮助老年人熟悉各自图书馆的服务、设施和馆藏，了解不同图书馆的侧重点，以便吸引更多的老年读者到馆阅读、学习。为了收集适合老年人阅读兴趣和需要的图书资源，NLB在健康、生活方式、工艺制作、旅行、食品和投资等领域，编制英文书单，进行馆藏开发。

新加坡重视老年群体的终身学习，推出的"老年读者项目"最重要的活动是对老年读者开展网络、新媒体技术培训；在空间再造中，特意为50岁以上的老年读者建立"银发族资讯中心"（SIJ），为他们提供新颖的计算机基础知识和技能培训、使用社交网络以及存取数字资源等的学习空间。

新加坡图书馆有针对性地为老年读者提供服务。一是体现在纸本资源的形式上，比如针对老年读者感兴趣的话题提供了加大字号的读本。二是安排专业的馆员专门为老年读者提供定制刊物《乐在生活》，内容涵盖健康养生、新加坡历史等话题，以及图书管理员们对热点图书的书评。该刊物既有纸质版，放在图书馆供读者自主索取，又有电子版，在网页及APP

上展示，所涉及的参考书、参考资料都注明在图书馆的索书号，方便读者进行查阅。新加坡图书馆还为老年读者推定了"常青主题"（Evergreen Topics）的推荐书目，推荐偏休闲、实用型图书，涵盖四种官方语言，满足不同文化背景读者的需求。

四、韩国

按照联合国的标准，韩国将在2025年进入"超级老龄社会"，届时65岁以上人口将占总人口的20.3%。根据韩国文化体育观光部进行的"2019年国民读书现状调查"，60岁以上韩国国民的年读书率为31.5%，他们偏爱文学、哲学、宗教和健康类图书。为满足这一群体的需求，韩国政府、出版界等在2021年推出了"60+图书年"活动，通过多种活动项目努力为老年人和图书搭建桥梁。该活动包括志愿者们打电话与独居老年人交流并为他们读书的"在电话里为您读书"；老年人参与的图书推荐视频"百岁人生，我的人生之书"；访问医院或阿尔茨海默病中心，为阿尔茨海默病患者赠送好书的"阿尔茨海默病患者的礼物书"；通过社交网络服务（SNS）推荐适合老年人阅读的"60+图书推荐"；等等。

在韩国，大字书已成为老年人阅读的风向标。韩国最大的在线书店YES24的数据显示，2000年以来，大字书的销售种类近1300种。其中，教保文库作为最大的连锁书店，其大字书的销售增长率从2019年的10%飙升至2020年的223%，增长幅度惊人。这一现象与韩国公共图书馆特别设立的大字书专用书架密不可分。追溯至2009年，韩国图书馆协会在政府的资助下，启动了"大活字书"制作与推广的资助项目。协会提议统一"大活字本""大活字书"等类似用语，统称为"大字书"。每年，协会会选中大约20种图书，为其提供资金支持，将其制作成大字书，并在各个图书馆中推广。随着项目的持续开展，公众对大字书的认知逐渐提升。同时，图书馆和出版界对大字书的重视程度日益增强。

随着老年人口的不断增长，针对这一群体的图书发行市场日益繁荣起来。自2015年"成人的时间"这一专注于老年人的出版品牌诞生之后，出版社纷纷加大对老年图书的投入和关注。在众多出版物中，"老年人绘本"系列尤其引人注目。2020年，一家名为"百花齐放"的出版品牌宣布成为专注于服务50—99岁老年人的绘本专业出版社，并推出了包含8册的绘本系列。这些绘本以老年人为主角，讲述了他们的生活经历和感悟。如《奶奶的庭院》一书讲述了孤独的独居老人在与保姆结下深厚友谊的过程中，逐渐找回自我梦想的感人故事；《妈妈和陶瓷》通过一位全职家庭主妇在陶瓷艺术中寻找生活真谛的故事，引导读者思考人生的价值所在……这些绘本篇幅适中，每本约为50页，在保持图文并茂的基础上，增加了更多的文字内容，以满足老年读者对阅读深度的需求。

除了绘本，在书中的白描线稿上色的老年人填色书也成为不可忽视的一部分。与儿童填色书不同，老年人填色书不仅提供了简单的上色活动，还增加了勾边、描线、找迷宫、书写感悟等多种互动环节。专家指出，这类填色书不仅能促进大脑健康、缓解压力，还能增强注意力、稳定情绪，对提高记忆力和认知能力也有积极作用，对于预防阿尔茨海默病等具有潜在的帮助。

五、日本

受经济衰退、人口老龄化、出生率下降以及数字化浪潮的冲击，日本的出版业，尤其是传统出版业面临严峻挑战。然而，在如此逆境中，日本出版界并未屈服于现实的压力，而是积极诊断问题所在，并采取了一系列有效的应对措施，不断探索新的解决方案和发展对策。

根据日本出版科学研究所的数据，20世纪90年代中期是日本出版市场的巅峰时期，其中1996年的销售总额攀升至2.66万亿日元的历史最高点。此后，市场便进入持续下降和平稳阶段。《2023年日本出版市场报告》显示，2023年销售总额约为1.60万亿日元，同比下降2.1%。在杂志市场，自1997年达到峰值后，无论是月刊还是周刊，其销售额都经历了超过20年的连续负增长。各类月刊几乎全军覆没，停刊数量超过了创刊数量，总品种数连年下滑，情况堪忧。仅有偶尔以人气偶像或附赠周边商品的月刊比较畅销，众多主流月刊已转向不定期出版。同时，互联网和智能手机的普及导致所有类型的周刊销售额平均减少了近一成。《每周高尔夫文摘》《周刊朝日》《NHK周刊》等都因销量锐减而被迫停刊。图书市场的表现相对较好，降幅较小。进入21世纪后，随着科幻小说和网络小说的兴起，以及图书改编影视的热潮，实体书销量一度出现增长，特别是价格亲民的文库本和新书系列。值得一提的是，自2014年起，电子出版市场规模持续扩大，特别是在电子漫画领域，读者数量涨幅明显，很多影视化和平台原创漫画作品销量大幅增长。电子书方面，轻小说、商务图书和写真集销售表现良好。电子杂志方面，由于杂志会员数量持续减少，已连续多年呈负增长态势。

2010年之后，受少子化、老龄化问题加剧以及互联网的迅猛发展影响，老年人阅读情况受到关注。在精确和敏锐识别老年人群的具体需求基础上，日本出版机构对出版的内容进行有针对性的深耕细作，设计满足老年人个性化需求的产品。老年图书发行量虽逐年攀升，但销售并不尽如人意。为了应对日益衰落的出版市场，日本经济产业省于2024年3月特别成立了"书店振兴项目组"。该项目组通过广泛征集出版业及书店从业者的宝贵意见，制定并实施了一系列有针对性的支持措施。其中，一个重点方向是鼓励成年人继续保持童年时期的阅读习惯。为了实现这一目标，项目组提倡通过举办各种吸引人的读书活动，激发那些已经远离图书的人群重新燃起对阅读的热情。此外，实体书店的角色也被重新定义，不仅仅是售卖图书的场所，更是展示和推广当地文化的空间，甚至成为吸引游客的旅游景点。为了进一步加强地方文化的传播，项目组建议图书馆增加从地方书店采购图书的数量，从而加强图书馆与地方书店之间的合作。这种互惠互利的合作模式有助于提升地方书店的销售额，同时也丰富了图书馆的藏书资源。

另一个创新举措是推广共享书店的概念。在该模式下，书店的书架被划分成一个个独立的格子间，向个人和出版社出租，以此作为一种新的收入来源。这种独特的书店运营模式已经在日本逐渐流行起来，不仅为书店带来了新的收益，也为读者提供了更加个性化的阅读体验。

第三节　国内老年融合出版的典型案例

融合出版既涉及管理部门的顶层设计，又涉及出版企业的具体实践。近年来，在中央顶层设计推动和出版学界业界的共同努力下，我国老年融合出版领域持续探索创新，其实践空间得到了拓展，多元化尝试越来越丰富多样，其成功案例也加速推动了老年融合出版发展的步伐。

一、《乐龄读书会》

为推进老年阅读工作，保障老年人基本阅读权益，满足老年人不断丰富的阅读需求，2023年10月起，由中国老龄协会与中央广播电视总台社教节目中心老年节目部共同开办的《乐龄读书会》在全网播出。该节目每期推荐一本或有趣或有用且有意义的图书，从老年人最关注的身体健康问题到家属最关心的心理问题，再到中年人最焦虑的养老问题，为老年人的认知健康、情感慰藉、情绪管理等带来多方面的助力。截至2024年4月23日收官，节目共推出18期音频节目和14期视频节目，累计推介图书32本，全网触达超4491.6万，相关内容阅读量及播放量达3207万，其中微博话题"乐龄读书会"阅读量达1620.7万、总互动为1.2万。

一档面向老年人的读书节目为何受欢迎？从节目形式上看，作为一档多元化的读书节目，《乐龄读书会》以主持人、嘉宾对谈的形式讲述书中精髓，每期节目围绕一本书设计一个主题，进行深入浅出的解读和讨论，节目兼具微访谈、围读、VCR等丰富形式。在内容设计上,《乐龄读书会》重点推介易读性强、有启发意义、主题有趣,能展现新时代、新老人、新形象的作品。在书目选择上,所有图书全部出自由全国老龄工作委员会办公室、中国老龄协会等主办的"向全国老年人推荐优秀出版物活动推荐书目"。所选图书具有有趣、有用、好玩、有意义四大鲜明特点。在表现形式上,采用音视频共创形式,主题高度一致、两种媒介互补。从中,观众不仅能发现世间广博的知识和深厚的文化积淀,也能在书中寻找到共鸣的情感和生活经验的智慧。从内容分发上看,《乐龄读书会》在凸显音视频两大媒介优势特色的同时,实现了传统媒体和新媒体的传播全覆盖,采用的全媒体、多端口的分发方式覆盖音频平台、视频平台、社交平台等,辐射到更为广泛的受众群体。再看传播策略,紧紧围绕节目播出日程实现四个维度融合传播。首先是广播节目播出阶段,由电台频率打响头阵,紧接着通过云听APP将内容扩散至网端,云听还专门生产了70多条碎片化音频内容;到了视频节目播出阶段,以总台央视频APP作为首发平台,打通央视频、视频号、微博、快手、哔哩哔哩、今日头条、微信公众号等,全网切条分发实现了大范围的融媒体传播。总之,《乐龄读书会》不只是图书推荐那么简单,更是一场温暖人心的精神盛宴,实现了传播媒介和传播手段的跨媒介横向融合。

二、天地图书有限公司

天地图书有限公司(简称"天地图书")创立于1976年,是香港重要的大型出版机构之一,始终秉持"雅俗共赏"的理念,致力于推广香港的文学风气。在其40余年的发展历程中,天地图书不仅深耕于都市文学、古典文学、中国著名文学家作品等领域,还广泛涉及人文科学、历史、旅游以及应用知识等多个方面,累计出版作品近3000种,展现了其深厚的出版实力和文化积累。

天地图书在推动本地文学风气的同时,也积极策划并出版了包括钱锺书、巴金、贾平凹等中国名作家的作品,几乎囊括了现当代中国主流作家的精品力作。此外,天地图书还拥有香港最受欢迎的作家群及其作品的版权。如亦舒、李碧华、蔡澜以及梁羽生等,这些作者的作品不仅深受读者喜爱,很多还被改编成电影和电视剧,影响深远。天地图书华丽的作家行列中,有中外闻名的诺贝尔物理学奖得主李政道、诺贝尔文学奖得主高行健,还有白先勇、林语堂、饶宗颐、金庸、黄永玉、张信刚等。这些作家的著作影响着一代又一代的读者。除了文史题材,天地图书出版物的题材还涉及很多方面,如宗教、文化艺术、养生保健等,影响了一代代香港人。

天地图书不仅关注本土文化的传播,还搭建了向西方传播中国文化的桥梁。通过出版多元文化的图书,天地图书展现了其国际化的视野和优势,与香港出版业的整体内容趋势形成了良好的呼应。

总体而言,天地图书以其丰富的出版物种类、深厚的文化底蕴和国际化的视野,为推动香港乃至中国的文学文化发展做出了显著贡献,成为连接东西方文化的重要桥梁。

三、华龄出版社

华龄出版社成立于1989年,是全国唯一以老年人和老龄工作者为主要读者群的综合性专业出版社。其主要经营出版党和国家关于老龄工作的方针、政策、文件汇编,有关老年问题学术研究的专著、资料,老年人的回忆录,以及老年人生活咨询和指导性图书等,出版《老龄科学研究》《环球老龄》等期刊。出版的图书涵盖了多个领域,已出版的近千种图书从多方位展示了老有所为者的高尚品格,介绍了老有所养者的有益经验,展现了老有所乐者的生活情趣。

在数字化时代背景下,华龄出版社不断探索与实践融合出版的新模式。首先,华龄出版社通过引入先进的数字出版技术,如电子书、在线阅读平台和增强现实内容展示,为老年读者提供了更加丰富和便捷的阅读体验。

这些创新举措不仅使阅读变得更加轻松和愉快，还极大地拓展了老年人的阅读范围和深度。此外，华龄出版社还特别注重内容的多样性和深度，努力打造一系列旨在提升老年人生活质量的图书。例如，华龄出版社策划了一系列关于健康养生、心理调适、科技应用等方面的图书，旨在帮助老年人更好地适应现代生活，享受健康快乐的晚年时光。这些图书不仅提供了实用的生活指南和建议，还深入探讨了与老年生活相关的社会和心理问题，展现了对老年人群深刻的理解和关怀。此外，华龄出版社还定期举办各类研讨会和讲座，邀请老龄领域的专家学者分享最新的研究成果和实践经验。这些活动不仅为老龄工作者提供了交流和学习的平台，也极大地促进了老龄事业的理论创新和实践进步。总之，华龄出版社通过不断的努力和创新，已经成为老龄领域的一面旗帜。在数字化时代的今天，该出版社的成功不仅在于它所提供的高质量图书和服务，更在于它对老年人群的深刻理解和不懈追求，为老年人的幸福生活和老龄事业的发展做出了重要贡献。

四、北京卫视《养生堂》

《养生堂》开播于2009年，是中国电视健康第一品牌，同时也是广电总局健康养生标杆栏目、北京电视台王牌栏目。栏目采用演播室访谈结合专题片的方式，以"传播养生之道、传授养生之术"为宗旨，以权威性、科学性、服务性和普及性为特点，成为中国最大的全民普及健康课堂，也是广电媒体利用中老年、养生等垂类节目撬动老年群体、掘金深海市场的典型代表。央视索福瑞数据显示，全国60岁以上老年人中近80%的观众看过《养生堂》，并且节目已经建起了覆盖3000万粉丝的融媒体传播矩阵，包括微信公众号、视频号、北京时间等七大平台。其中，公众号粉丝量超600万、抖音粉丝量超1600万。

《养生堂》栏目成功的秘诀，首先在于内容的"适老化"。据介绍，该节目在选题过程中始终围绕老年人的健康需求做文章，传递健康养生的节目价值观，比如紧密关注老年人的"防病"需求，策划推出预防三高、冠心病、心绞痛、阿尔茨海默病等选题。节目还从饮食、营养、运动保健等角度策划选题，涉及老年人关注的方方面面。其次在于借鉴综艺表达方式，创新辅助手段。传统养生节目采用主持人与专家一对一访谈形式，观众只能被动地"听课"。要想让老年人听得进、听得懂专业的健康养生知识，是新老年节目需要突破的藩篱。为此，《养生堂》创新内容形式，摸索出了将寓教于乐、传播快乐养生作为抓手的内容策略，借鉴综艺节目表达方式，大量引用剧情化、演绎化的呈现方式，让知识"显"而"易"见，把高深莫测的医学知识转化为通俗易懂的健康道理。此外，《养生堂》还应用动画、花字字幕等作为节目表达的辅助手段。再次在于精心打造强IP。凭借着大屏和融媒体矩阵的流量积累，《养生堂》积累了大量知名医生、专家，节目充分发挥优势打造IP、社群、商业的完整闭环，而这种闭环也形成更具影响力的强IP。《养生堂》积极拓展IP出版物和IP衍生品业务，其中《祝您健康·养生堂》杂志年订阅量高达180万册，2021年上市的养生主题日历、健康美食主题月历一经推出，供不应求。最后在于实现精准营销策略。《养生堂》采用以大小屏结合、长短视频结合、常态化节目与综艺化直播相结合、大众化内容与垂类传播相结合、视频内容与用户社交相结合的运营策略，并推出微商城"健康购"布局电商业务，以微信公众号、微商城和无数个社群为抓手，将离散的观众聚集在一起，对宽泛的用户做了二次聚集和分层，最终实现精准销售。此外，《养生堂》还推出了自有健康品牌"堂方"，20多款健康食品一经推出就受到广大消费者的认可与追捧，成为《养生堂》整体品牌运营的一个重要增长点。

五、《快乐老人报》

中南传媒旗下的《快乐老人报》创刊于2009年，创刊3年时间便实现了发行量突破百万的壮举，被誉为"中国老年类第一纸媒"，发展为全国最大的老年传媒集群。然而，它的成功并不止步于此。随着数字媒体的兴起，传统出版和新兴出版融合发展是大势所趋，《快乐老人报》也同步迈出了坚实的步伐。2013年，《快乐老人报》官网改版上线枫网，及时转发所属纸媒内容和国内老年人政策、服务等新闻，举办多种线下活动，日浏览量达250万，成为国内最大的中老年网站，成功扩大了其在互联网领域的影响力。两年后，面对老年群体逐渐向移动互联网迁移的新趋势，《快乐老人报》果断全面转向移动互联网，拓展内容发布渠道，通过覆盖手机端、Pad端，连接今日头条、新浪媒体号、腾讯企鹅号、百度百家等互联网平台，借助其大数据运算等技术，精准发布报刊内容。值得一提的是，在短视频浪潮席卷之际，《快乐老人报》敏锐地捕捉到了这一机遇，迅速创办了一批微信视频号，如"赵老师举栗子""小乔讲摄影""我的养身指南""黎黎养身运动"等，形成微信公众号矩阵，凭借内容的独特性和吸引力，迅速积累了大量粉丝。同时，《快乐老人报》还在抖音和快手平台上推出了"快乐金龄""赵老师敲黑板"等短视频号，形成了强大的短视频矩阵，与纸媒和新媒体共同构成了"两翼齐飞"的融合发展新局面。如今，《快乐老人报》已形成了以《快乐老人报》《康颐·活过100岁》为核心的纸媒板块，以枫网及老年移动互联网矩阵为核心的互联网板块，以快乐老人大学、快乐人生出版事务所、美时美刻国际旅行社为核心的线下板块等，集报、刊、网、"两微一端"、图书订制出版服务等于一体，以老年全媒体为龙头的新型老年产业生态圈。

通过以上案例，我们可以看到，在不同的社会性质和发展阶段背景下，不同国家在老年融合出版方面采取的措施因地而异。我国老年融合出版应在参考其他国家的经验基础上，立足国情，运用独具中国特色的治理体系和解决方案，积极创建一个更加包容的阅读环境，让老年人在享受阅读中感受生活的美好。

第四节　国内外老年融合出版案例的经验启示

在全球范围内，老年融合出版已成为出版业发展的重要方向，它不仅关乎老年人的精神文化生活，也是社会文明进步的重要标志。通过对美国、英国、新加坡、韩国、日本等国家的老年融合出版实践模式以及中国的《乐龄读书会》、天地图书有限公司、华龄出版社、北京卫视《养生堂》、《快乐老人报》等案例的分析，我们可以总结出以下几个方面的经验启示。

一、精准定位，创新内容与形式

老年融合出版的核心在于精准定位老年人的需求，并在此基础上进行内容创新。美国的双月刊AARP、英国的培生集团、新加坡图书馆的馆藏刊物、韩国的"成人的时间"出版品牌以及中国的华龄出版社，都通过收集和分析老年人的阅读数据，深入研究老年人的阅读偏好和生活需求，推出了与老年人的生活紧密相关的书籍，如健康指南、回忆录、图书索引和休闲读物等。这些出版物不仅满足了老年人的阅读需求，也帮助他们更好地融入数字社会。同时，老年融合出版应不断探索新的内容领域，如科技应用、金融理财、心理调适等，以满足老年人不断变化的需求。此外，随着科技的发展，老年人对电子书和有声书的接受度也在逐渐提高，出版商应加大这方面的投入，提供更多选择。此类个性化和定制化服务不仅满足了老年人的阅读需求，提升了用户体验，也能帮助他们更好地融入数字社会。

二、拥抱新技术，推动数字化转型

人工智能浪潮下，出版业的转型往往意味着"数字化布局组成部分"

的变革。随着科技的发展，老年融合出版也在积极拥抱新技术，推动出版业的数字化转型。美国的Kindle自助出版平台、英国的增强现实和虚拟现实技术应用、日本的电子出版市场以及中国的北京卫视《养生堂》和枫网，都是利用数字技术提升老年读者阅读体验的典型案例。这些技术不仅使阅读更加便捷，也为老年人提供了多样化的阅读选择。例如，Kindle的字体调整功能和有声书服务，使老年人能够更轻松地阅读。此外，通过大数据和人工智能技术，出版商可以更好地理解老年人的阅读习惯，为他们提供个性化的推荐。同时，出版商还利用区块链技术确保版权安全，增强读者的付费意愿。这种技术融合不仅提高了阅读体验，也扩大了市场的覆盖面。

三、实施多渠道运营和全媒体传播策略

老年融合出版的成功还体现在多渠道运营和全媒体传播策略上。美国《华盛顿邮报》《纽约时报》《赫芬顿邮报》等通过构建融合出版支撑平台，实施多渠道运营策略，利用社交媒体、电视、广播等渠道，结合线上线下的活动，提高了老年人的参与度，也有效提升了内容的传播效果。北京卫视《养生堂》通过电视节目和社交媒体平台，为老年人提供健康知识，同时也推广相关图书。天地图书有限公司、《快乐老人报》也通过建立全媒体传播矩阵，实现了内容的广泛覆盖和精准传播。这种多渠道运营策略不仅提高了内容的可见度，也增强了用户黏性。同时，出版商应利用大数据分析技术，了解老年人的阅读习惯，为他们提供更加精准的内容。

四、注重社区参与和代际交流

老年融合出版还应注重社区参与和代际交流，以促进老年人的社会融入。许多国家的出版商和组织通过公益项目鼓励老年人参与社会活动，提

升他们的社交能力和生活质量。这种模式不仅体现了社会责任，也提升了品牌形象。如美国的公共图书馆通过代际实践项目促进老年人与年轻人的交流，新加坡的图书馆通过"老年人服务小组"为老年读者提供定制服务，韩国的"60+图书年"活动通过多种项目为老年人搭建阅读桥梁。这些举措不仅丰富了老年人的精神生活，也促进了社会的和谐发展。中国的《乐龄读书会》通过社区活动为老年人提供交流平台，让他们分享阅读心得，鼓励他们参与社会活动。这种社区参与和代际交流不仅提高了老年人的社交能力，也提升了他们的生活质量。出版商和图书馆等机构应加强合作，为老年人提供更多的阅读活动，如读书俱乐部、讲座和作者见面会等，让他们感受到阅读的乐趣。

五、政策支持与市场导向双重推动

老年融合出版的发展还需要政策支持和市场导向的双重推动。政府应出台相关政策，鼓励和支持老年融合出版的发展。例如，韩国的"大字书"项目、日本经济产业省成立的"书店振兴项目组"、新加坡国家图书馆管理局的"老年人服务小组"等，都是政府层面为老年融合出版提供的政策支持，为出版业提供了良好的发展环境。同时，出版企业要不断调整和优化出版策略，实行跨领域合作与资源整合，例如，美国的AARP Books与多个老年组织合作，推出了一系列关于退休生活、健康保健的图书；中国的《乐龄读书会》与社区、图书馆等机构合作，开展线上线下活动。这种合作模式能够更好地满足老年人的多元化需求，同时也为出版业提供了新的市场机会。

从上述分析可以看出，老年融合出版具有广阔的前景。随着技术的不断进步和社会对老年人关注度的提升，老年融合出版将更加注重内容创新、技术融合、多渠道运营、社区参与和政策支持。未来，老年融合出版将更加多元化，为老年人提供更加丰富的内容和服务。

第九章

老年融合出版的发展策略

第九章 老年融合出版的发展策略

第一节 老年融合出版的支持策略

当前，我国正处于从传统社会向数字化转型的关键时期。为了帮助老年人跨越数字鸿沟，实现多元化和个性化的文化养老，政府、社会及家庭等多个层面需要赋权增能，构建一个由多元主体共同参与建设的老年融合出版支持体系，确保老年人能够充分享受数字化带来的便利和文化成果，实现由"养老"到"享老"。

一、政府赋权：为老年融合出版保驾护航

从宏观层面看，老年融合出版作为文化出版领域的新趋势，需要政策的引导与扶持。政府应积极介入，通过政策制定与制度引领，高位推动老年融合出版的发展。

政府应出台相关政策，明确老年融合出版的定位与目标，加大财政投入，为相关企业提供税收减免、资金补贴等优惠措施。同时，政府要针对老年群体的特殊需求，制定和实施有利于老年融合出版的更有针对性的政策措施，可借鉴国内外老年出版业的研究与实践，对老年出版的市场概念、定义及类别进行明确界定。中宣部等相关部门可在每个五年出版规划中设定专门的老年出版子计划，将老年融合出版物纳入国家重点出版规划之内；在出版物评奖、出版政府奖等奖项设置及出版基金资助、书号资源配置、

图书推荐目录、公共图书馆建设和税收金融等方面，对老年融合出版物和相关出版机构提供必要的财政支持和税收优惠，激活老年融合出版市场；简化老年融合出版物的出版审批流程，降低企业的运营成本；建立老年融合出版评估机制，对表现突出的企业给予奖励，以此激励更多出版单位投身于老年融合出版事业；构建一套完整的老年融合出版市场统计体系，覆盖生产至销售全过程；建立监管机制，围绕数字版权的确权、保护漏洞及维权监管等方面，加快修改和完善有关规章和规范性文件，确保老年出版行业的健康有序发展。

二、社会赋能：多元主体共建支持体系

在社会层面，出版机构、图书馆、社区、社会组织和家庭等方面可以发挥各自优势，参与老年融合出版的策划、研发和推广，开展有针对性的阅读活动和数字技能培训，以提供系统性、科学性的全方位支持。

出版企业在制定长远发展战略时，需深化对老年融合出版产品的规划，包括对老年人群的社会心理特征、阅读偏好和消费趋势进行深入分析，从而在选题策划、品牌塑造、营销服务及装帧设计等方面更精准地满足老年读者的需求；加强与医疗、养老、科技、金融等领域的跨界合作，致力于构建集科技智慧与人文关怀于一体的文化养老生态圈，为老年人提供综合性的优质文化生活体验。在媒体平台方面，广播、电视、报刊、网络等应积极宣传"全民阅读""书香中国""向全国老年人推荐优秀出版物"等活动，营造浓厚的阅读氛围，鼓励老年人积极参与阅读活动。公共文化空间（如图书馆、社区中心、书店等）应配备丰富的图书资源和适老化的阅读设施，为老年读者提供舒适便捷的阅读环境。社区、高校、非营利组织、教育培训机构和互联网企业等各方力量要加强老年教育培训，推动"政产学研"合作，增加优质教育资源的供给；优化在线教学模式和课程设置，开设实用的数字化实践课程，采用"线下+线上"的混合教育模式，不断丰

富教育培训的方式、扩展教育培训的范围,提升老年群体的媒介素养与数字素养。

三、家庭增能:"代际共读"实现伦理关怀

"代际共读"是指不同年龄段家庭成员之间通过共同的阅读活动,分享知识、经验、情感以及文化价值观,以促进理解和沟通。这种模式不仅有助于增进老年人与年轻人之间的交流,也在传承文化和智慧方面发挥着至关重要的作用。

作为有效应对人口老龄化的新型发展范式,部分西方国家自20世纪六七十年代开始形成"代际项目"发展框架,但在我国其应用及发展并不普遍。2013年,全国老龄办在《关于进一步加强老年人优待工作的意见》中首次提出"统筹不同年龄群体的利益诉求,促进代际共融与社会和谐"。"十四五"期间,"一老一小"问题上升至国家重要战略层面,要求推动养老托育服务体系一体规划、一体实施、一体突破。中国拥有悠久的养老、孝老和敬老的文化传统,十分看重家庭代际的紧密关系。随着家庭结构的变化,尽管大家庭模式已逐渐转变为核心家庭,但家庭成员之间仍然保持着密切的互动与互助关系,承担着养老和抚幼的责任。在此基础上,推动"代际阅读"成为加强家庭内部联系、实施伦理关怀的有效方式。在内容选择上,代际阅读可以选择那些能够激发不同代际兴趣的主题,如健康饮食、传统文化及科普等,这些主题不仅覆盖了老年人和年轻人的共同关注点,还能促进双方在阅读过程中的互动学习。例如,老年人可以向年轻一代传授丰富的传统文化知识,年轻人可以引导老年人探索现代科技的奥秘。这样的知识共享和情感交流有益于促进社会和谐与文化传承。与此同时,鼓励老年人之间的朋辈互助也是非常重要的。同龄人之间的传递、帮助、带动能够激发群体的智慧与力量,增强彼此之间的联系,有助于构建温暖、互助的老年社群环境。

第二节　老年融合出版的内容策略

内容创造是出版的核心价值。老年融合出版应紧密围绕老年人的阅读需求与兴趣点，开发多样化的内容产品，包括电子书、有声读物、视频课程、互动教育游戏等，为其提供多元化的内容选择，构建丰富多样的内容体系。同时，出版机构设计出版内容时应当遵循适老化原则，以确保信息不仅能够被老年人有效接收，而且能够契合他们的需求和偏好。

一、细分市场：从综合型向场景化转变

近年来，在文化养老理念下，老年人的文化消费品类不断拓展。除了保健、养生，他们对健康科普、文艺作品、文化旅游等精神层面的内容产品亦萌生出多样化的需求。这些需求恰是老年融合出版的良好契机所在。在出版内容层面，出版机构需要依照不同的年龄段以及兴趣点来进行内容细分，由同质化的综合型产品向细分的场景化、类型化产品发展，从而满足各类老年人的不同需求。以当下市场中的老年人数字设备使用类图书为例，目前相关图书多以综合型为主，内容往往涵盖电脑基础操作、打字、上网、文档操作、图片处理、收发邮件、通信聊天等方面，同质化现象较为严重。在融合出版的大背景下，部分出版机构开始根据主要的应用场景或APP类型推出系列图书。譬如，针对60—65岁相对年轻且热爱户外活动的老年人，推出有关户外旅行的场景化图书；针对喜欢听戏的老年人，推出有关戏曲文化和经典曲目介绍的读物。这种基于不同兴趣爱好的细分，能让老年出版更加贴合实际需求，充分发挥融合出版的优势。

二、内容丰富：满足老年人的求知欲

如今的老年群体与以往有所不同，他们的阅读兴趣和需求跨越了多个领域，内容丰富多样。因此，老年融合出版要深入理解老年人对阅读的核心需求，并提供题材广泛、内容多元的阅读产品。这包括新闻资讯、生活技能、运动健康、科学探索、历史知识、文化艺术、家庭教育等多个"适老"领域。例如，生活技能类可以包括智能手机应用、智能家电操作、计算机基础、互联网使用、图像编辑、日常英语等；运动健康类可以涉及舞蹈、武术、棋艺、科普知识、老年保健等；文化艺术类可以包括书法、绘画、摄影、声乐、园艺、手工艺、地方戏曲、诗歌、国学等，以满足老年人的求知欲和好奇心。此外，为了保持内容的新鲜感和时效性，出版机构应定期收集用户反馈，了解老年人的新需求，及时进行产品更新优化；要确保所有提供的信息均经过严格验证，是可信且无误的，特别是在对老年人生活影响重大的健康和金融等关键领域，以避免老年人受到误导。

三、实用可靠：满足老年人的实际需求

老年人阅读不仅是为了消磨时间，更重要的是出于实用目的。因此，老年融合出版产品必须紧密结合老年人的实际需求，注重内容的实用性和可靠性，确保信息简洁易懂，具备实际应用价值，能够帮助老年人解决生活中的具体问题，如提供有关养生保健、生活技能、家庭教育等方面的实用信息。考虑到老年人在生理和心理上的变化，如视力下降、记忆力减退等，融合出版产品的内容结构设计应以易于操作为原则，提高老年阅读载体的实用性。例如，采用浅显、直白、生动的语体，合理设置段落，避免复杂冗长的句子；尽量图文结合，注重案例化、视觉化和分步骤指导设计，在图片设计中，保障版式整体设计的情况下尽量放大图片；在使用色彩时，

多使用高饱和度颜色而避免使用低饱和度颜色；在纸张上，可选择较为轻便的纸张，方便老年人携带和阅读；提供语音朗读、字体放大、放大镜等辅助功能。这样可以在提高老年人阅读兴趣的同时，增强老年读物的实用性。此外，针对老年人在数字技术使用上的差距，出版机构应为那些不太熟悉新工具的老年人提供周到的辅助和支持，使他们能够无障碍地接触和利用融合出版资源。

四、增加互动：满足老年人的社交需求

社会交往不仅有助于老年人拓宽社交圈，还能减少孤独感和抑郁情绪。因此，在融合出版产品中增加互动性和社交元素至关重要，如提供更加人性化、安全和易于使用的界面，利用文字、图片、二维码、音频和视频等多种媒体手段，使老年人更便捷地获取信息内容，同时使内容更加生动有趣。出版机构应设置专门的交流互动板块或活动，通过问答、讨论等形式增加内容的互动性；注重原创性，充分挖掘老年人的创作潜力，让他们参与内容创作；举办各类线上线下活动，鼓励老年人积极参与，互相交流心得，使阅读成为一种社交活动；优化社交分享功能，方便老年人将感兴趣的内容分享给朋友或家人，增加用户参与度。以上互动不仅有利于提升老年人的阅读兴趣，丰富他们的社交生活，还能增强他们的社交体验，提高他们对融合出版产品的满意度和忠诚度。

第三节 老年融合出版的技术策略

技术是推动老年融合出版发展的关键，也是实现内容创新和服务提升的关键。随着科技不断进步，智能终端全面普及，移动终端实现多样化，"互联网+"已上升到国家战略层面，出版产业数字化时代已经到来。老年

融合出版应积极拥抱数字化转型，以自身内容特色为本，以适用性技术为要，推动优质内容和新兴技术的深度融合，有效提升用户体验。这不仅关乎技术的应用和普及，更关乎文化的传承与创新。

一、优化用户界面：开发适老化阅读平台

随着人口老龄化的加剧，加上大数据、元宇宙、虚拟现实等技术逐渐成熟，优化用户界面、开发适老化阅读平台成为一个重要的社会议题。适老化设计旨在使数字产品更加易于老年人使用，增强数字产品的可用性，提高老年人的生活质量。老年融合出版应开发适老化的数字阅读平台，采用简单、有序、易于导航的布局，使信息易于扫描和理解，减轻老年人的认知负担。适老化数字阅读平台应使用易读、清晰、大小合适的字体和对比鲜明、含义明确的颜色，以提高可读性和可见性；设计简洁、含义明确、易于操作的图标和控件，简化操作流程，提供明确的反馈，确保老年人能够轻松完成操作；积极探索新技术在出版领域的应用，如增强现实、虚拟现实等，为老年人打造沉浸式阅读体验；应用人工智能技术推荐个性化内容，帮助老年人快速找到他们感兴趣的内容。

二、创新阅读形式：追求形式创新与表达

在这个信息爆炸的时代，老年群体对信息的获取与传播方式有了更高的期待。为回应这一需求，老年融合出版类图书结合时代发展，利用数字技术介质载体、云空间、二维码等，不断拓展出版的边界，推出了电子书、有声书、多媒体版、多媒体光盘版、视频教学版、大字视听版及微课版等多种阅读方式，充分满足了老年读者对"动态示范"的需求。以机械工业出版社出版的《中老年学智能手机与微信全程图解手册（全彩大字版）》为例，该书不但采用一步一图的讲解方式，让老年读者能"按图索骥"，还利

用云空间配备了83段配套教学视频，便于老年人在静态的图书满足不了学习需求时，可以转向动态的视频学习。同时，微博、微信、抖音等传播平台不断丰富，无论老年人使用何种设备或平台，都能无障碍地搜索并使用所需信息。此外，在以"三网合一"和"三屏合一"为核心特征的全媒体出版背景下，出版机构需要运用大数据、云计算等技术，依托数字化、电子商务等途径，实现内容生产、内容服务、产品营销的互联网化。虚拟现实和增强现实等沉浸式技术的运用，为老年人创造了虚拟旅游、历史回顾等体验。此外，出版机构还应为老年人提供必要的技术支持和培训，帮助他们适应新的阅读方式。

三、加大技术赋能：实现个性化精准推送

人工智能技术带给出版业的变革正在以惊人的方式快速呈现，迅速渗透至出版产业链的每一个环节，不仅革新了产业流程，还重塑了产品形态，引领着融合出版的深刻变革。一方面，以ChatGPT为代表的生成式人工智能技术打破了传统的内容生产模式，使用户角色从单纯的内容接收者转变为活跃的内容生产者。另一方面，人工智能技术在编辑工作的多个方面发挥了辅助作用，包括选题策划、内容生产、版面设计、审核校对及内容分发等工作，有效降低了出错率，提升了内容的匹配度。与此同时，在数字时代背景下，公众对文化养老服务的需求日益增长且多样化。元宇宙的出现打破了传统的路径依赖，为读者带来沉浸式感官体验，进而更好地为读者提供个性化、体系化的知识服务。因此，老年融合出版业应充分发挥技术层面的主导作用，运用大数据分析技术精准洞察老年人的阅读习惯和行为偏好，为不同类型的老年人提供定制化的"菜单式"文化养老服务。同时，老年融合出版业允许老年人依据个人喜好和实际需求进行个性化设置，以迎合他们独特而精准的个性化、精准化需求。

第九章　老年融合出版的发展策略

四、重塑出版生态：智能提升流程协同

在智能技术的助力下，老年融合出版领域正经历一场深刻的变革。内容的生产、编辑、审核及发行流程得以协同优化，不仅显著提升了工作效率，更精准地满足了老年读者的个性化阅读需求。通过人工智能技术，从选题策划到创作、编校、审核等环节均实现了智能化操作，极大地提高了内容生产的效率与质量。依托自然语言处理等先进技术进行内容审核，保障了内容的合规性与安全性。智能算法精准分析市场需求与读者偏好，自动推荐贴合老年人兴趣的内容主题。同时，自然语言处理技术对稿件进行自动审校和纠错，提升了内容的准确性和可读性。结合新媒体技术，实现多通道复合数字出版，包括纸质书、电子书、有声书等多种格式，全面适应不同老年人的阅读习惯和需求。借助智能反解与标引输出技术，构建统一的内容汇聚平台，实现一次制作、多元发布的高效模式。大数据和云计算等技术进一步优化了发行策略，通过个性化推荐和精准营销，让每一位老年读者都能找到心仪的阅读内容。AI技术在市场分析和用户画像构建中大放异彩，精准定位老年读者群体，制定出个性化的营销策略；通过社交媒体、电子邮件等多渠道推广内容，有效提升了老年读者的触达率和参与度。智能客服系统与互动平台为老年人提供了温馨的服务体验，24小时在线咨询服务，随时解答阅读中的疑问。论坛、问答区等互动空间让老年人分享阅读心得，增强了其社区归属感。在版权保护方面，区块链技术发挥了关键作用。它不仅确保了内容的原创性和版权保护，还通过智能合约自动处理版权费用的分配和结算，大大简化了版权管理流程，提高了效率。

总之，智能技术正推动老年融合出版领域迈向一个全新的时代，为老年人带来更加丰富、便捷、个性化的阅读体验，同时也为出版行业注入了创新活力，带来了发展潜力。

第四节　老年融合出版的服务策略

优质的服务是提升老年融合出版竞争力的基础，可以极大地提升老年出版物的吸引力和用户满意度。这包括但不限于市场培育、客户服务、技术支持和社区建设等方面。

一、培育市场主体：强化品牌建设

品牌的确立对于出版机构来说，不仅是稳固其市场地位的金字招牌，更是吸引和维护特定读者群体的关键所在。它标志着出版机构从粗疏走向精耕细作，专注于品质和特色的提升。针对老年融合出版的未来发展，出版机构应充分利用并发挥自身资源优势。这包括内容开发上的精耕细作，全面挖掘老年阅读市场的潜力，打造领先市场的头部产品，并形成具有鲜明特色的融合品牌；明确品牌定位，紧密围绕老年读者的需求特征，确立品牌的核心价值观念，设计出别具一格的品牌标识和视觉风格，以此传递品牌的理念、树立专业形象。加强品牌建设，开发易读易懂的出版产品是关键。从产品的内容策划、装帧设计到定价策略，都应深入考虑老年读者的实际需求，以增强市场竞争力。优化产品服务，提供个性化的解决方案，如定制化的老年教材、健康养生图书等，以满足老年群体的特定需求。强化品牌传播是提升知名度和影响力的重要途径。有效利用线上线下活动、社交媒体、合作伙伴关系等多种渠道，运用多元化的传播手段（如社交媒体推广、广告投放、公关活动等），提升品牌知名度和影响力。通过提供高质量的内容和服务，赢得老年读者的信任和口碑，保持品牌的活力、忠诚度和竞争力。利用数字化技术，例如开发专为老年人设计的阅读APP、建立老年数字图书馆等，帮助老年人跨越数字鸿沟，提升阅读便利性。通过与书店、图书馆、社区中心等合作,扩大老年融合出版物的销售范围。此外,争取政府的支持和资金扶持,为老年融合出版业的发展创造良好的环境。

二、创新服务模式：提供精准服务

在老年融合出版领域,创新服务模式并提供精准服务不仅能够满足老年群体日益增长的文化需求,还能推动数字适老化进程,促进银发经济的繁荣发展。为此,建立一套完善的客户服务体系显得尤为关键。应建立完善的客户服务体系,建立客户服务中心,不仅提供全面的购书指导、阅读咨询等服务,还包括解决老年人在使用过程中遇到的问题。通过线上互动与线下活动的结合,构建老年社交链条。一方面,开发线上平台,通过微信群、博客和为老年人设计的论坛等社群平台,以及线上直播或录播方式,让老年人随时随地都能获取信息与服务;另一方面,定期组织线下活动,如读书会、讲座、社区聚会等,为老年人提供结识志趣相投的朋友,增进交流与互动的机会。此外,老年融合出版还可以为老年人提供量身定制的服务体验,包括个性化的健康检查、慢性病管理和居家养老等方案。公共阅读机构应设立专门的老龄读者区域,选取适合老龄读者的相关读物,并配备放大镜和纸笔等必要辅助工具,以便他们记录和阅读。鼓励企业在阅读设备上提供"老年模式""长辈模式"等,推出界面简单、操作方便、实现一键操作、文本输入提示、提供全程语音导读服务等多种无障碍功能,杜绝广告插件,以便老年人更加安全、方便地获取信息和服务。这些细致入微的精准服务有助于提高老年人的生活质量,实现老有所养、老有所乐的现代生活理念。

三、实行跨界融合：打造生态圈层

在协同发展的战略视角下,老年出版机构应将自身发展融入国家养老服务体系的大格局中，坚持一体化发展方向，实现从简单的物理相加到全面的化学融合的转变。为此，老年出版机构应协同国家主管部门、地方政府及社会力量，共同打造一个综合性平台。该平台将集阅读、学习、交流、娱乐、健康管理等多种功能于一体，提供一站式解决方案，并构建一个延伸的公共服务体系，以满足老年融合出版市场的需求。加强行业内部的融合力度，打破用户间的界限，创新营销策略，使之更加贴近市场需求。比如，中国传媒大学出版社与喜马拉雅、网易等互联网巨头建立了合作关系：将与播音发声相关的内容录制成音频上传至平台，使用户能够随时随地进行学习。该社出版的畅销书《罗京 现在开始播音》经过微信平台的宣发，取得了良好的传播效果。随后，出版社发起了"非凡声音者"活动，鼓励热爱朗读的读者将文字转化为声音，极大地激发了读者的参与热情。进一步强化合作伙伴关系，积极寻求与科技公司、教育机构、健康管理机构、旅游公司等跨界合作，共同打造"出版+社区图书馆""出版+社会医疗""出版+养老咨询""出版+老年旅游""出版+老年教育"等多元化的老年融合出版场景化服务产品。共同研发针对老年读者的定制化产品和服务，如智能教育机器人、社区服务中心、数字阅读平台等。通过联名、授权等创新方式，将出版品牌延伸到其他产品和服务领域，如老年用品、健康食品、旅游服务等，实现资源的顺畅整合，为机构的融合发展提供坚实的资源保障。不断拓宽老年融合出版产品的推广渠道，提升市场覆盖率。同时，投资或孵化与老年文化产业紧密相关的初创企业，以推动产业创新和生态圈层的持续扩展。

第五节　老年融合出版的人才培养策略

人才是老年融合出版发展的核心力量。在当前融合出版大背景下，智能技术不仅推动老年出版向数智化和智能化转型，同时也为编辑人员的角色赋予了新的定义。为了适应这一转变，必须深化编辑人才培养模式的数字化转型和系统性变革，不断提升编辑人员的学术素养、数字素养以及创新思维能力。

一、全面提升出版编辑的学术素养

出版编辑作为出版行业的核心，不仅是内容的筛选者，更是文化的传播者与守护者。因此，持续的知识积累与专业技能的提升是其职业生涯的基石。首先，出版编辑要加强政治素养，确保出版内容符合社会主义核心价值观，严把其政治方向。其次，深厚的学术底蕴是出版编辑必备的素质。这不仅涵盖了语言学、文学、历史学、哲学等人文社会科学的广博知识，还包括对出版学、编辑学等专业学科的深刻理解。出版编辑应保持对行业趋势的高度敏感，积极参加各类专业培训、学术研讨会、行业会议，与同行深入交流，紧跟新技术的步伐，不断更新知识体系。唯有如此，出版编辑才能在审稿过程中精准把握作品的深度与价值，提出富有建设性的意见，助力作品的完善。同时，出版编辑还需具备宽广的学术视野，对国内外学术界的前沿动态保持敏锐的关注，掌握各领域的最新研究成果与热点议题。这种跨学科的知识涉猎，能够帮助出版编辑在审稿时更全面地考量作品的时代意义与学术价值，为作者提供更具前瞻性的建议，推动作品的创新与突破。最后，实践经验的积累对于出版编辑的成长至关重要。通过亲身参与编辑工作，出版编辑能够深入了解出版流程，掌握编辑技巧，熟悉行业规范。与作者、读者的沟通交流，能够使出版编辑更加贴近市场需求，了解读者的期待与反馈，从而在工作中不断调整与优化，提升编辑工作的质量和效率。

二、全力提升出版编辑的数字素养

在数字时代，出版编辑的数字素养已成为其职业发展不可或缺的一部分。数字素养不仅涉及对数字技术的掌握，更包括对数字信息的批判性分析、创新思维能力与有效沟通。首先，出版编辑应主动学习最新的数字技术和工具，如数字内容管理系统、电子书制作软件、数据分析工具等。同时，了解数字版权、网络安全等法律法规，也是数字素养的重要组成部分。其次，出版编辑应学会使用数据分析工具，以监测读者行为、内容表现和市场趋势。基于数据的洞察，出版编辑可以更精准地定位目标受众，制定内容策略，提高出版物的市场竞争力。数字出版物往往包含文本、图像、音频、视频等多种媒体形式。出版编辑应熟悉多媒体内容的创作与编辑，掌握基本的图像处理、音频剪辑和视频编辑技能。此外，了解交互式内容和增强现实、虚拟现实等新兴技术，有助于提升出版物的吸引力和互动性。再次，批判性思维是出版编辑不可或缺的能力。在阅读与审稿过程中，出版编辑应具备独立思考、深度分析与公正评价的能力，能够精准识别作品的优劣，提出中肯的修改意见。面对稿件中的问题，出版编辑应善于发现问题、勇于提出问题，并能给出合理可行的解决方案，促进作品质量的提升。最后，出版编辑应加强数字沟通与协作。在远程工作和跨地域团队协作日益普遍的背景下，出版编辑需要掌握有效的数字沟通技巧，如使用电子邮件、即时消息、视频会议工具等进行高效沟通。

三、全面提升出版编辑的创新思维能力

随着互联网技术的迅猛发展，出版业已经步入融合发展的新阶段。这一变革要求出版编辑具备创新思维与快速适应变化的能力。探索新的出版模式、营销策略成为保持出版物新鲜感与市场竞争力的关键所在。首先，出版编辑要打破传统思维桎梏，培养多角度思考问题的能力。这不仅包括对内容的深入、专业性的关注，还包括对其趣味性和互动性的注重。以老年烹饪图书为例，除了提供传统的菜谱，还可以引入视频二维码，使读者能够随时扫描并观看烹饪操作演示，从而实现交流互动。其次，出版编辑

须具备创新思维，应把创新精神视作前进动力，加强对新媒体的应用，如内容创新、渠道拓展、平台建设、经营策略和管理方式等层面。在解决实际问题中实现创新，并通过科技赋能强化创新，从而激发融合发展潜力，打造符合时代需求的高品质出版物。再次，整合优势资源，深化产教融合，共同打造产学研相结合的共同体，是培养编辑人才过程中不可或缺的一环。出版机构可根据其定位与方向，构建编辑研学基地，邀请专家学者举办讲座，承办学术交流活动，甚至建立联合实验室、内部研发机构、博士后流动站等。通过整合来自出版社、高等院校、研究机构、行业协会和学会等各方资源优势，将行业实践与理论教学、科研紧密结合，形成出版、教学、科研三方的动态良性互动，以实现多方共赢，极大地推动复合型编辑人才的培养，持续激发编辑的创新能力。此外，出版机构可以设立创新奖励机制，对那些取得显著创新成果的编辑给予表彰和奖赏，以此激励编辑的积极性与创造力，鼓励他们勇于尝试新思路与方法。最后，出版机构还应革新编辑培训模式，采用"传帮带""实战化"培训、在线培训等多元化手段，促使编辑适应新的业务流程与运营模式，将融合发展的理念贯穿于选题策划、编辑出版、营销发行的全过程，进而推动编辑向全面转型迈进。

综上所述，出版编辑的人才培养策略是多维度的，涵盖学术素养、数字素养及创新思维。通过持续学习和实践，编辑人员可以不断提升自己的素养与技能，以适应数字化时代融合出版的挑战和要求。

结　语

　　数字化和老龄化将是中国社会交叉进行的两大进程。随着长寿时代的来临，文化养老成为一种新的趋势。对老年群体而言，阅读不仅是一种优雅的休闲方式，也是一种精神上的滋养和生命力的延续，更是一种让他们能够跟上新时代步伐的重要途径。在数字鸿沟的困扰下，如何更好地满足老年群体的精神文化需求，为他们提供更为贴心、实用的多元化、个性化阅读服务，成为每一个出版从业者需要深思的问题。

　　老年融合出版作为一种新兴的出版形态，旨在整合传统出版与数字出版的优势，为老年群体提供更为丰富、多元的阅读体验，对实现文化养老、丰富老年人精神文化生活、传承和弘扬中华优秀传统文化、推动出版业创新发展具有重要意义，但同时也面临着前所未有的挑战与机遇。

　　推动老年融合出版高质量发展，提升老年群体的数字素养和媒介素养显得尤为重要。本书对此进行了深入的调查访谈，揭示了影响老年群体数字素养和媒介素养的各种因素，探究了老年群体的阅读需求、行为模式。同时，通过国内外典型案例分析，本书总结了业界的数字化转型举措、成果和经验。在此基础上，本书有针对性地提出了适合我国国情的老年融合出版发展策略，包括支持策略、内容策略、技术策略、服务策略和人才培养策略等。这不仅有助于推动老年出版的健康、可持续发展，而且有助于老年群体更好地融入数字时代，让"文化养老"落地生花。

　　老年融合出版作为数字时代的新兴领域，既面临着诸多挑战，也充满

结　语

了无限可能。未来，我们将继续关注老年群体的需求变化，推动老年融合出版的创新发展。在此，我衷心希望本书能够为广大业界同人和读者朋友提供有益的参考和启示，同时期待更多的专家学者和实践者加入老年融合出版的研究与实践中，共同推动这一领域的进步与发展。

参考文献

［1］张新新，庄红权，丁靖佳.数字出版技术［M］.武汉：武汉大学出版社，2023.

［2］中国新闻出版研究院，全国国民阅读调查课题组.全国国民阅读调查报告.2020［R］.北京：中国书籍出版社，2021.

［3］陈丹丹，周蔚华.2023年中国出版融合发展报告［J］.数字出版研究，2024，3（1）：68-77.

［4］余人，冯婷.老年出版的"诗和远方"：老龄化加剧背景下我国老年出版的思考与展望［J］.编辑学刊，2019（5）：18-24.

［5］邓香莲.全媒体语境下老龄社会的阅读服务保障整合研究［M］.上海：复旦大学出版社，2020.

［6］李晶，张秋霞，罗晓晖，等.文化养老［M］.北京：华龄出版社，2022.

［7］方卿，许洁，等.出版学基础［M］.武汉：武汉大学出版社，2022.

［8］庞沁文.现代出版学概论［M］.北京：中国书籍出版社，2015.

［9］王家莲.文化养老视域下老年人阅读推广研究［M］.沈阳：东北财经大学出版社，2023.

［10］马晓俊.基于数字化技术和互联网思维的融合出版［J］.新闻传播，2017（3）：6-7.

［11］杨格平.书店卖场营运与管理实务［M］.重庆：重庆大学出版社，2012.

［12］杨玲.出版融合理论研究及国内出版融合案例分析［M］.北京：对外经济贸易大学出版社，2022.

［13］陈洁.全媒体传播体系下出版深度融合发展探究［J］.中国出版，2023（3）：5-11.

［14］季丹，郭政.从出版到跨媒体叙事：数字时代的出版业发展［J］.出版科学，2023，31（4）：52-59.

［15］谢巍，董嘉楠.老年出版深度融合发展路径研究［J］.中国出版，2023（24）：56-60.

［16］姚劲松.图书出版业在老年人数字融入中的价值实现［J］.传播与版权，2023（19）：33-35，39.

［17］朱军，张文忠.产教融合背景下数字出版应用型人才社会化培养探究［J］.新闻世界，2021（2）：82-86.

［18］宋吉述，朱璐.深度融合与业态创新：关于"十四五"期间出版融合发展的思考［J］.科技与出版，2021（1）：53-64.

［19］张新新.传统出版与新兴出版深度融合，推进数字出版高质量发展：2019年度数字出版盘点［J］.科技与出版，2020（3）：13-27.

［20］吴静，王国菊.老年图书的出版现状、选题特点与优化策略［J］.编辑学刊，2023（6）：69-74.

［21］高慧琳，郑保章，孟建.从"媒介即讯息"到"数据即讯息"：对麦克卢汉媒介观在大数据时代延伸的哲学思考［J］.科学技术哲学研究，2022，39（1）：122-128.

［22］李平.媒体融合时代传统出版单位的转型［J］.编辑学刊，2022（3）：111-114.

［23］刘召燕.人口老龄化背景下老年图书出版探析［J］.科技与出版，2022（8）：80-86.

［24］赵宝泉.论报纸转型突围的两个方向［J］.传媒，2022（3）：41-44.

［25］彭雷霆，牛蓉，刘锦.我国老年读者权利保障政策研究［J］.中国图书馆学报，2023，49（5）：77-92.

［26］秦悦，李圣楠.老年出版物设计研究［J］.上海包装，2023（9）：145-147.

［27］尹达，杨海平，隗静秋.我国老年出版物市场的现状、问题与对策研究［J］.出版发行研究，2021（11）：74-79.

［28］鲍洪俊.迈向万物互联5G时代的出版3.0模式［N］.中国出版传媒商报，2019-01-18（3）.

［29］公文，姚东敏.人口老龄化背景下"银色文化产业"的概念、问题与发展策略［J］.西南民族大学学报（人文社会科学版），2023，44（2）：63-69.

［30］原新.积极应对人口老龄化是新时代的国家战略［J］.人口研究，2018，42（3）：3-8.

［31］孙菲.我国老年类报纸全媒体转型的现状、问题及路径：基于受众细分的视角［J］.新闻爱好者，2022（4）：54-56.

［32］国家新闻出版署.出版业"十四五"时期发展规划［J］.中国出版，2022（3）：8-20.

［33］尉伟，胡大海.积极老龄化背景下老年期刊数字化转型路径探析［J］.出版广角，2021（21）：68-70.

［34］王伟鲜.勾连、延伸与重塑：融合出版发展的三重面向［J］.出版科学，2023，31（6）：43-50.

［35］吴雷.美国出版业融合发展现状调研与思考［J］.出版科学，2019，27（4）：95-98.

［36］易龙.从数字出版到智能出版：知识封装方式的演进［J］.出版科学，2023，31（1）：81-90.

［37］周裕琼，丁海琼.中国家庭三代数字反哺现状及影响因素研究［J］.国际新闻界，2020，42（3）：6-31.

［38］陶善勇.面向老年群体移动听书产品的研发与运营：以乐龄听书为例［J］.出版发行研究，2022（11）：31-36.

［39］王亮.第七次人口普查背景下我国教育出版SWOT分析［J］.科技与出版，2021（11）：62-67.

［40］刘丰伟.智慧治理，助力"养老"变"享老"［N］.大众日报，2021-07-06（11）.

［41］安利利，王兆鑫.孝道与平权：数字鸿沟中的文化反哺与再哺育——大学生与父母在微信平台上的亲子关系研究［J］.中国青年社会科学，2020，39（4）：111-117.

［42］方惠，曹璞.融入与"断连"：老年群体ICT使用的学术话语框架分析［J］.国际新闻界，2020，42（3）：74-90.

［43］刘丰伟.适应新质生产力：学术期刊编辑的角色重塑与职业素养提升［J］.传播与版权，2024（15）：5-8.

［44］德克尔.老年社会学：老年发展进程概论［M］.沈健，译.天津：天津人民出版社，1986.

附录一　老年群体数字鸿沟调查问卷

（本问卷由50—59岁已办理退休手续和60岁及以上老年人在线及线下填写，考虑到老年人使用数字智能设备现状，可由家人根据调查对象本人意思代填）

您好！本调查旨在了解老年群体在数字时代下的数字鸿沟现状，以便更好地为老年人服务提供客观依据。欢迎50—59岁已办理退休手续和60岁及以上老年人进行填写反馈。如果您家中有以上老人，也可代为填答。本调查匿名填答，结果仅用于统计分析。我们将遵守《中华人民共和国统计法》规定，对您的个人信息严格保密，请放心如实填答。非常感谢您的支持与参与！

第一部分　基本信息

1.您的性别是？［单选题］
□男
□女

2.您的年龄是？［单选题］
□50—59岁（已办理退休手续）
□60—69岁（含60岁）
□70—79岁（含70岁）

□80岁及以上（含80岁）

3. 您的受教育程度是？［单选题］

□小学及以下

□初中

□中专及高中

□大专

□本科及以上

4. 您的户籍是？［单选题］

□城市户籍

□农村户籍

5. 离退休之前您的职业是？［单选题］

□党政机关公务员

□科教文卫等事业单位工作者

□企业、商业等单位工作者

□个体、私营业主

□农民

6. 您目前的主要生活来源是？［单选题］

□离退休养老金

□积蓄、投资收入

□劳务工作收入

□配偶供给

□子女供养

□最低生活保障补助

7. 您目前的婚姻状况是？［单选题］

□已婚

□离异

□丧偶

☐未婚

8. 您目前的居住情况是？［单选题］

☐老年夫妇同住

☐独居

☐与子女和孙辈等同住

☐与父母等同住

☐其他

9. 您的健康状况如何？［单选题］

☐平素体健

☐亚健康状态

☐患有慢性疾病（不影响生活质量）

☐患有慢性疾病（对生活质量有较大影响）

第二部分　调查信息

10. 您平时经常使用的数字设备（包括智能手机、计算机、智能电器、智能医疗用品等）有几种？［单选题］

☐无（跳转到11题）

☐1种（跳转到12题）

☐2种（跳转到12题）

☐3种（跳转到12题）

☐4种及以上（跳转到12题）

11. 您未使用数字设备的原因是？［单选题］

☐没有开通网络

☐没有数字智能设备

☐太难学，不会使用

☐功能太复杂，不愿使用

☐不安全，不敢使用

☐字号、声音太小等，不方便使用

☐价格太高

☐其他_____

12. 您的数字设备主要来源是？[单选题]

☐子女购买

☐他人赠送

☐自己购买

☐子女淘汰

13. 您使用数字设备主要用来做什么？[多选题]

☐移动社交

☐网络购物

☐休闲娱乐

☐学习知识

☐求医问药

☐出行交通

☐生活服务

☐金融理财

☐其他_____

14. 您花了多长时间学会使用数字设备？[单选题]

☐不到一个月

☐一个月到半年

☐半年到一年

☐一年以上

15. 以下几项数字技能您会哪些？[多选题]

☐网上挂号

☐移动支付

跨越数字鸿沟：老年融合出版的机遇与策略 >>>>>

☐视频聊天

☐连接Wi-Fi

☐下载并使用APP

☐制作并发布小视频

☐识别网络谣言

☐其他_____

16. 您每天花在数字设备上的时间为？[单选题]

☐1小时以内

☐1—2小时

☐2—4小时

☐4—8小时

☐8小时以上

17. 您认为自己有网瘾吗？[单选题]

☐有网瘾

☐没有网瘾

18. 当前您对使用的数字设备满意吗？[单选题]

☐非常满意

☐比较满意

☐一般

☐比较不满意

☐非常不满意

19. 自从接触数字设备，对您生活的有利影响是？[多选题]

☐生活更便捷高效

☐让生活更丰富多彩

☐使家庭关系更和谐

☐方便了与外界的联络

☐节省了消费支出

☐使身心更健康

☐其他＿＿＿＿＿＿＿＿＿＿

20.自从接触数字设备，对您生活的不利影响是？［多选题］

☐影响身心健康

☐影响人际关系

☐网络谣言太多，难辨真假

☐个人隐私信息泄露

☐遭遇网络诈骗，财产受到损失

☐遭遇网络欺骗，情感受到伤害

☐增加了消费支出

☐其他＿＿＿＿＿＿＿＿＿＿

21.在使用数字设备遇到困难时，您通常如何解决？［多选题］

☐求助子女等家人

☐求助亲朋好友

☐求助专业机构或个人

☐求助社区义工等

☐网络查询

☐束手无策，放弃使用

☐其他＿＿＿＿＿＿＿＿＿＿

22.对于获取的网络信息，您通常怎么做？［多选题］

☐不加辨别，选择相信并进行转发

☐通过浏览查询，了解信息来源

☐根据相关信息，评估网络信息的可靠性、时效性

☐根据自己的需求，筛选网络信息

☐综合使用文字、图表、链接、视频等多种形式对获取的信息进行编辑处理

☐其他＿＿＿＿＿＿＿＿＿＿

23.关于数字化信息安全,您赞同以下哪些观点?[多选题]

☐个人信息泄露、数据丢失等信息安全风险是很严重的事情

☐了解如何防范上述风险的基本知识

☐通过使用杀毒软件、防火墙、设置有效密码等方法保障自己的设备安全

☐使用多种方法对数字化信息进行备份

☐在与他人进行网络交流时能选择合适的方式保护自己及他人隐私安全(如删除记录、加密信息等)

☐其他_____

24.关于数字化行为安全问题,您赞同以下哪些观点?[多选题]

☐合理控制上网时间

☐尊重他人,规范自己的行为,合理表达观点

☐非常不赞同传播谣言、网络欺凌等行为

☐理解并遵守关于数字技术使用的法律法规

☐遵守知识版权、著作权保护等数字伦理,合理合法地使用数字设备及网络

☐其他_____

25.您认为有必要进行数字技能相关知识的学习吗?[单选题]

☐有必要

☐没必要

☐无所谓

26.您想学习哪些数字技能教育培训内容?[多选题]

☐智能手机使用

☐休闲娱乐

☐生活服务

☐网络安全

☐网络购物

☐医疗健康

☐手机出行

☐其他＿＿＿＿＿＿＿＿

27. 您想参加哪种形式的数字技能教育培训？［多选题］

☐收听学习音频

☐观看教育视频

☐阅读教育文章

☐现场授课

☐线上＋线下相结合

☐其他＿＿＿＿＿＿＿＿

28. 您想通过哪些渠道获得数字技能教育培训？［多选题］

☐子女等家人帮助

☐同辈互助

☐社区课堂

☐老年大学

☐社会组织举办的培训活动

☐企业机构课程

☐自学

☐其他＿＿＿＿＿＿＿＿

29. 您在使用数字设备时存在哪些困惑或难题？［填空题］

＿＿＿＿＿＿＿＿＿＿＿＿＿＿＿＿＿＿＿＿＿＿＿＿

30. 针对数字鸿沟治理，您有哪些意见和建议？［填空题］

＿＿＿＿＿＿＿＿＿＿＿＿＿＿＿＿＿＿＿＿＿＿＿＿

附录二　老年人数字鸿沟调研提纲一

（与政府相关部门座谈访谈）

1. 本部门是否推出了解决老年人"数字鸿沟"问题的智慧助老举措？如果出台了，请说明。
2. 本部门是否制定了智慧助老产品及服务推广目录？如果制定了，请说明。
3. 本部门推行智慧助老服务的成功案例。至少列举一个。
4. 本部门在开展智慧助老过程中存在的困难和问题有哪些？
5. 谈谈关于智慧助老发展的意见或建议。

附录三　老年人数字鸿沟调研提纲二

（对养老机构、社区、企业进行访谈）

1. 贵单位名称：_____
2. 贵单位开展了哪些弥合老年人数字鸿沟的智慧助老行动？
3. 贵单位智慧助老服务有多长时间？
4. 贵单位在哪些方面应用到了智慧助老服务？（可多选）（　　）

   A. 医疗护理服务

   B. 生活照料服务

   C. 精神慰藉服务

   D. 安全管理服务

   E. 老年教育服务

   F. 其他服务（请注明）_____

5. 贵单位在智慧助老中使用到哪种现代信息技术和智能设备？（可多选）（　　）

   A. 物联网

   B. 大数据

   C. 互联网平台

   D. 机器人等智能设备

   E. 其他（请注明）_____

6.贵单位认为最受欢迎的智慧助老服务有哪些?

7.贵单位在推进智慧助老服务时面临哪些困难?

8.贵单位对推动智慧助老发展有哪些意见或建议?

图书在版编目（CIP）数据

跨越数字鸿沟：老年融合出版的机遇与策略 / 刘丰伟著. --北京：中国国际广播出版社，2025.4.
ISBN 978-7-5078-5655-2

Ⅰ.G237.6

中国国家版本馆CIP数据核字第20240894VK号

跨越数字鸿沟：老年融合出版的机遇与策略

著　　者	刘丰伟
责任编辑	霍春霞
校　　对	张　娜
版式设计	邢秀娟
封面设计	赵冰波

出版发行	中国国际广播出版社有限公司［010-89508207（传真）］
社　　址	北京市丰台区榴乡路88号石榴中心1号楼2001
	邮编：100079
印　　刷	天津市新科印刷有限公司
开　　本	710×1000　1/16
字　　数	240千字
印　　张	16
版　　次	2025 年 4 月　北京第一版
印　　次	2025 年 4 月　第一次印刷
定　　价	48.00 元

版权所有　盗版必究